图书在版编目（CIP）数据

中华上下五千年 / 毛春生编. --西安：三秦出版社，2017.9（2018.3重印）

（中华经典国学口袋书 / 徐喜平主编）

ISBN 978-7-5518-1593-2

Ⅰ. ①中… Ⅱ. ①毛… Ⅲ. ①中国历史－通俗读物 Ⅳ. ①K209

中国版本图书馆CIP数据核字（2017）第194195号

出 品 人　支旭仲
项目策划　匡俊英　白忠平
责　　编　刘　芳
封面设计　陈　非
版式设计　高东海
内文排版　白英华

出版发行　陕西新华出版传媒集团　三秦出版社
地　　址　西安市北大街147号
电　　话　（029）87205121
网　　址　http: / / www.sqcbs.cn

规　　格　720mm × 910mm　1/32
　　　　　印张8　彩插8　字数147千字
印　　刷　西安新华印务有限公司（独家承印）
版　　次　2017年9月第1版　　2018年3月第2次印刷
标准书号　ISBN 978-7-5518-1593-2
定　　价　18.00元

出版说明

中华文明源远流长，上下五千年，圣贤相继，英才辈出，他们殚精竭虑、呕心沥血，为后人留下了一部部经典作品。这些“经典”如同金砖玉瓦，构建成了一座金碧辉煌的殿堂，我们称之为“国学”。其内容宏富，博大精深，可谓是中华思想文明的浓缩，中国传统文化的精髓，是先贤遗留下的宝贵精神财富，值得好好传承和大力弘扬。越来越多的人们认识到其价值，读国学、诵经典的热潮正在蓬勃兴起，既有数字阅读的风生水起，更有坚守或者回归传统纸质阅读的蔚然成风。

读纸质书，无疑有着其他阅读方式所无法比拟的独特体验，一册在手，可以边读边做批注、写札记、勾画重点，也可以掩卷深思，细细品读。这种探究式阅读方式，有利于人们学习知识、启迪智慧、提升修养、提高境界，也有利于培养孩子们安静学习、锤炼思想、闻着书香做学问的良好习惯。

为了倡导全民阅读，特别是推进纸质阅读，营造爱书、品书氛围，同时考虑到当下人们的生活日趋丰富多彩且节奏加快，闲暇时间越来越碎片化，读书时间相对减少，我们从浩如烟海的国学经典中精心遴选了80部，并对书的内容作了适度精简，编辑出版了“中华经典国学口袋书”系列丛书，希望吸引更多的人回归传统阅读，重视国学经典。“口袋书”，顾名思义就是可以放在口袋里的书籍，其目的就是为读者奉献易于携带、便于翻阅、开卷有益的精神食粮。使他们于居家出行、茶余饭后，随时信手展读，含英咀华，增知怡情。

本丛书涵盖了经史子集、诗词曲赋、笔记信札、经典名句赏析，可谓贯通古今、包罗万象，能够最大限度满足各层面读者的阅读需求。书中既有对照古籍原文的“白话文”，又有介绍典故出处、时代背景、人物事迹等辅助阅读的“注释”，还配以帮助读者理解和提高的“赏析”。使对国学造诣程度各异的读者都可以做到读通、读懂，真正做到了老少皆宜、雅俗共赏。

这套书不仅在内容上编排严谨、注解精当；在外观上也充分彰显书籍之美，版式新颖，设计考究、印装精美，必定会成为您工作生活中的良师益友，带给您全新的阅读感受。

前言

中华文明源远流长，一脉相承，五千年的历史，世事沧桑，朝代更迭，在这五千年的历史长河中，中华民族生生不息，拼搏不止，一代接一代，涌现出了许许多多伟大的历史人物。像政治家秦始皇、曹操，谋略家张良、诸葛亮，思想家孔子、孟子，民族英雄林则徐、邓世昌，科学家张衡、沈括，医学家华佗、李时珍，文学家欧阳修、王安石、苏轼、李清照，诗人李白、陆游，革命家孙中山、李大钊等等。他们为中华民族创造了无数的世界之最和令人叹为观止的奇迹。

史海浮沉，潮起潮落。历朝历代的风流人物，是最优秀的中华英杰，他们以各自独特的风姿名垂史册。《中华上下五千年》一书，作为引导读者关注历史、以古鉴今的大众文化普及读物，全书选取了一些最精彩的历史片段，用文字简短却内容丰富的小故事来展现历史人物及其事迹，并在行文表意的关键之处，配以精美的插图，力求图文并茂地再现历史原貌，使读者更清晰直观地了解历史。

《中华上下五千年》作为中国历史的通俗性普及读本，以历史故事为叙述单位，采用编年体例，力图通过简明的体例、精练的文字，新颖的版式、精美的插图等多种要素的有机结合，完整再现中华五千年历史文化的精髓，让读者直观清晰地感受到历史的演进过程，全面掌握中华文明的发展脉络。使读者在轻松获取知识的同时，获得更为广泛的文化视野、审美感受、想象空间和愉快体验。

目 录

黄帝战蚩尤

黄帝是我国古代黄河流域一个很有名的部落联盟的领袖。

传说黄帝的先祖是有熊氏。有熊国的首领少典与一位叫附宝的姑娘结为夫妻，两个人相亲相爱，朝夕相处。一天晚上，他们一起来到附近一条叫姬水的地方玩耍。天渐渐黑了。他们刚想回去，天空中突然传来雷声，接着是一道弯弯曲曲的闪电掠过天空。这时，附宝心里突然产生一种异样的感觉。原来，她怀孕了。消息传开，族里的人们纷纷议论说："附宝是受了上天的灵感怀孕的，一定是有天神问世了。"

后来，附宝生下了一个结结实实的男孩子。他刚生下来，双目炯炯有神，很快就学会了说话；稍大些，就能通百事、断是非。那时，人们认为帝是万物的主宰，金、木、水、火、土为万物之本，称为"五德"。有熊国的人们崇尚土德，土为黄色，这孩子又是天神转世，所以就给他起名叫黄帝。又因为他长在姬水，居住在轩辕

黄帝 中国古史传说时期最早的宗祖神，姬姓，号轩辕氏、有熊氏。黄帝为少典之子，有土德之瑞，土色黄，故称黄帝。

之丘，于是就以姬为姓，以轩辕为号，所以后世也常把黄帝称为轩辕氏。

黄帝长大以后，才智过人，再加上好多人都说他是天神下凡，所以就很自然地把他推举为有熊国的首领了。他不负众望，不几年就使部落强盛起来了。又过了些年，黄帝觉得在姬水一带难以生活下去，便率领本氏族的人们，辗转来到了涿鹿（今河北省北部），准备在这里长期居住下去。

涿鹿一带是一个叫炎帝的势力范围，结果双方为了争地盘在涿鹿附近的阪泉展开了激烈的战斗，最后黄帝打败了炎帝。炎帝同意把两个部落合并，由黄帝担任炎黄部落的首领。炎黄部落就是中华民族最早的雏形。后来中国人常称自己是炎黄子孙，就是从这个故事得出来的。

炎黄两个部落合并以后，天下太平，国泰民安，人们过着安居乐业的生活。正当炎黄部落联盟不断发展的时候，在它南边的九黎族打过来了。九黎族的首领叫蚩尤。他有兄弟八十一人，个个都是牛头人身，四目六臂，头上生有锐利的双角，他们手持金刀铜斧，强弓大弩，作战勇敢，万夫难抵。

为了使自己的家园不落入他人之手，黄帝决心率领部落人马奋起反击，把侵略者赶出去。于是，在涿鹿之野，两兵相接，一时间烟尘滚滚，打得地动山摇。

刚开始，蚩尤张开大口，喷吐烟雾，顿时浓雾弥天，笼盖四野，天昏地暗。黄帝的兵众迷失了方向，失去了联系。黄帝一见这种情况，急忙把专门掌管大风的风伯召来，让他放出狂风猛吹。但蚩尤吐出的雾气十分浓，风伯吹了三天三夜，雾气依然不散。黄帝的兵众被围困在迷雾中，乱成一团，情况十分危急。

这时，聪明的黄帝突然想到，天上的北斗星是固定在一个方向的，于是受到启发，派人制造了一辆可以用来指明方向的指南车。在一辆双轮木车上，站立着一位手臂前指的仙人，任凭车子东转西走，仙人的手指永远指向南方。正是靠这一伟大发明，黄帝的兵众才辨识了方向，杀出了重围。

蚩尤见黄帝众兵冲出浓雾，大吃一惊。他想趁黄帝众兵还未立住脚，打他一个措手不及。原来这蚩尤有呼风唤雨的本领，他跳到半空中呼啸一声，顿时狂风暴雨大作，地面的水猛涨起来，波浪滔天。黄帝的兵众又陷于洪水之中，在这危急时刻，黄帝召来会收云息雨的旱神——女魃前来助战。女魃身上有极大的热量，每到一处，便可使当地雨收云散，烈日当空。这一下，蚩尤的计谋又失败了。

为了彻底打败蚩尤，黄帝派人制作了一面巨大的战鼓，又让人训练了一批凶猛的野兽，决心和蚩尤决一死战。战斗开始了，黄帝擂起战鼓，雷鸣般的鼓声，在战场上空轰响，黄帝军队士气大振，士兵们赶着野兽，高声呐喊着冲向敌人。蚩尤的军队被这震耳的“雷声”和强大的队伍吓呆了，一下子乱了阵脚，四处逃奔。混乱中，蚩尤被俘，后来被黄帝杀了。黄帝还把蚩尤的九黎部族全都并入了炎黄部落。从此，黄帝的威望更高了，成了中原地区（指黄河中下游一带）各部落共同拥护的首领。

尧舜禅让

中国历史上评定明君应当把尧舜作为标准衡量。

尧是黄帝的后裔，二十岁就继承了帝位，都城设在平阳（今山西省临汾市）。又称陶唐氏。

尧是继炎帝、黄帝之后又一个最有威望的部落首领。尧勤勤恳恳地工作，认认真真治理着国家，当时，天下太平，人们的生活大有改善，而尧的生活却很俭朴。住的是简陋的茅草屋，吃的是粗粮野菜，衣服穿到破烂不堪才肯换。冬天时，只披一张鹿皮来抵御严寒。人们看见他如此辛劳、俭朴，都纷纷劝他，尧却认为不能让天下的任何一个人挨饿受冻。

此后，人们更加拥戴、敬仰并相信他。尧虽是至高无上的首领，却很民主，大小事宜都要征求大家的意见，同大家商量，最后综合大家的看法行动。尧知人善用，他建立了很有效率的行政机构。他手下的名臣很多，舜管民政，契管军政，弃管农业，夔管教育，皋陶管司法，他还招揽了很多有能力又负责任的人。

在尧老后，按惯例召开了部落会议商议确立自己的继承人，大家通过商量一致推举尧的儿子丹朱继承首领的位置。

尧 姓祁，名放勋，中国古代传说的圣王。因封于唐，故称“唐尧”。为陶唐氏部落首领，年老，咨询四方部落首领，命舜摄政，经三年考绩，让位于舜，史称“禅让”。

尧不放心丹朱继位，却又不好违背众人意见。于是，他开始教育丹朱如何治理国家。可是，丹朱是个不务正业的人，尧想尽办法也改变不了他。

等到尧退位的时候，他没有传位给他的儿子丹朱，而是让位给了德才兼备的舜，这就是所谓“尧舜禅让”。

舜出生在姚墟（今山西永济北），他的父亲封在虞地，所以舜又叫有虞氏、虞舜。他的继母和弟弟象曾经多次陷害他，父亲也纵容象欺负他，但舜却宽宏大量，非常孝顺，是中国历史上第一个最有名的孝子。

舜当了首领之后任用贤人“八恺”“八元”，除掉了“四凶”，制定了“五刑”，设立了各级官职，定下了天子巡狩和部落领袖朝觐的制度，促使中国氏族社会向阶级社会转化。舜娶了尧的女儿娥皇和女英，后来舜在娥皇和女英的帮助下，战胜了继母和弟弟象。舜老了以后，把首领的位置禅让给禹，自己远行巡狩，病死在苍梧地区。娥皇和女英非常想念他，流下的眼泪浸在了竹子上，竹子就布满了斑斑点点的花纹，人们称之为湘妃竹，娥皇、女英后来在湘水里溺死，成了湘水的女神。他们都成为了后世尚贤的楷模。

大禹治水

传说尧在位的时候，发生过许多次特大的洪水。洪水冲垮了房屋，淹没了田地，还淹死了许多人。为了解除群众的疾苦，尧帝将首领们召来，共同商议治理洪水的事情。最后，大家推举一个叫鲧的人来担当治水的重任。鲧治水采取的是用石块和泥土筑坝挡水的办法。他指挥人们挑土运石，垒墙筑坝，来阻挡洪水。洪水排不出去，就往上猛涨；鲧见水涨了起来，就又下令继续加高堤坝。结果是堤越高，水越涨；水越涨，堤越高。困在堤坝中的洪水，犹如囚在笼中的猛兽，只要突破一个缺口，便破笼而出，奔腾咆哮，不可收拾。结果鲧治水九年，弄得劳民伤财，一事无成。尧叫舜去检查鲧的治水工作。舜看到鲧对洪水毫无办法，就把他罢免了，命令鲧的儿子禹继续治理洪水。

禹也是一个非常能干的人，他吃苦耐劳，品德高尚，对事业有一股锲而不舍的精神，他在治水管理上立下了伟大的功勋，后来成为夏朝的第一个君主，所以历史上称他为夏禹或大禹。

禹接受了治水的任务，就开始找众人商量如何治水。有人认为，治水就是要挡，否则就不叫治水。可禹想到自己的父亲不就是因为采取挡的办法，筑堤坝，垒高墙来挡水吗，结果却毫无用处，洪水依旧像猛兽一样，怎么办呢？大禹又仔细盘算了一下，感到要疏导洪水，首先必须对地形地势有所了解，从而寻找河源和可以泄导洪水的地方。于是，大禹带着一批忠诚的助手，跋山涉水，顶风冒雨，经历了无数风险，足迹遍及九州大地，就是为了查清地势，探明河道，引水下流。

大禹的妻子是南方涂山地区的一位女子，大禹跟她结婚后只在家待了四天，便忙着治水离家外出了。后来涂山女生了一个儿子，取名叫启。这是大禹留下的名字。大禹临行前对涂山女说，如果我走后你生了孩子，就取名叫“启”。启，就是启行，是纪念他们婚后几天，大禹为了平治洪水就登程上路的意思。

禹　姓姒，因治水有功，受舜禅让成为炎黄部落联盟的首领，亦称大禹、夏禹。

大禹在治水十三年中，曾经三次路过自己的家门口，都没有进去看一看。第一次带人修渠路过自己的家门口，他的儿子刚刚出生，正在呱呱啼哭，他多么想进去看看妻子和刚出生不久的孩子啊！

可又一想，前边还有许多事等着他去办，就转过身，头也不回地离开了。大禹治水第二次经过家门口的时候，抱在妻子怀里的儿子已经能够叫爸爸了，他妻子看到他一副疲惫的样子，心疼地让他回家休息休息，大禹对妻子说："不行啊，洪水还没有治平，被围困在高地、山顶的人们，生命还在受着威胁，救人要紧那！""那么，你就少住一两天吧。"涂山女说，"你看，你的衣服也该补一补，草鞋也该换一双了。"

"唉，时间宝贵啊！ 我知道，我不在家你的生活也是很难的。"大禹歉意地说，"但洪水不平，我怎么能休息呢！"

大禹接过孩子亲了亲，又安慰了妻子几句话，便又大步向前走去了。

大禹治水第三次经过家门口的时候，儿子已经十多岁了，跑过来叫爸爸，使劲把他往家里拉。大禹怜爱地摸了摸儿子的头，叫儿子告诉妈妈，治水的工作很忙，没有空回家，又匆忙地离开了。

大禹三过家门而不入的事传遍了各地，人们听了，非常受感动，治水的信心更足了。

一年、两年、三年……过去了。大禹由南方走到北方，从太阳出的地方跑到太阳落的地方，不顾风吹雨打，不怕艰险劳累，一直率领人们从事治水的艰苦劳动。经过了十三年，终于把洪渊填平了，河道疏通了，洪水由高处流入低处，从湖里流到河里，然后流入大海。一块块平原露出水面，人们又重新搬回了陆地，修房盖屋，垦荒种地，养牛牧羊，过上了幸福的生活。

盘 庚 迁 殷

商朝统治约五百余年。期间曾多次搬迁都城，最后定都于殷（今河南省安阳市），共二百七十多年，所以商朝又叫殷朝，有时候也称为殷商或者商殷。

商朝将殷定为都城最初始于盘庚，盘庚是商汤的第九代孙子，商朝的第十九个王。盘庚定都于殷后就不再搬迁了，这反映了当时农业的重要性已经超过了畜牧业，人们要求有稳定的住所。

盘庚也是经过一番激烈的斗争才决定迁都到殷的。原来在太甲以后，商朝历代的君主和奴隶主贵族们，生活都很腐化。他们迷信鬼神，又特别喜欢喝酒，完全过着寄生虫的生活，自己不劳动，一切事情都驱使奴隶去做，在奴隶和奴隶主之间，阶级矛盾十分尖锐，奴隶们大批逃亡。在王室贵族当中，争夺王位越演越剧烈，有的人说应当兄终弟及，有的人说应当父死子继。叔侄、兄弟之间激烈的斗争此起彼伏，国家已经混乱不堪。

阶级矛盾和奴隶主内部的矛盾极大地削弱了商王朝的统治，一些小国和少数民族不再受商朝的节制，加上水涝、干旱等自然灾害，商朝陷入了艰难的困境。

四羊方尊　商朝晚期青铜礼器，祭祀用品。中国现存商代青铜器中最大的方尊，高58.3厘米，重近34.5千克。现藏于中国国家博物馆。

阳甲，是商朝的第十九个王。他死后弟弟盘庚做了王，盘庚很有心计，善于观察形势，觉得国家不能再照老样子维持下去了，应当想出一个行之有效的办法来缓和这些矛盾，使商朝免于灭亡。他想出来的办法就是把都城迁到殷，开荒建房，准备长期居住于此。

第一，殷地的土地比较肥沃，自然灾害较少较轻，在这里建设都城有利于发展农业生产。第二，迁都以后，一切都要重新开始，奴隶主贵族不能过分享受，这样可以缓和一下阶级矛盾。第三，迁都可以避开危险的反叛势力。如果都城比较安全，统治就会相对稳定。

可是迁都的决定招致了以奴隶主贵族为首的一些人的反对，他们害怕到了新的地方不能照旧享乐。盘庚是个办事十分坚决的人，他没有因为有人反对就改变主意。他把奴隶主贵族召集起来，对他们发表了两篇训诰。第一篇训诰是劝说，告诉大家搬家到殷去的好处。他说：“我要像先王关心臣民那样关心你们、保佑你们，带着你们去寻求安乐的地方。你们如果不与我同心，就将受到先王的责罚。”第二篇训诰是威胁，用强硬的口气，警告大家一定要老老实实地服从迁都命令，否则就要进行严厉的制裁。

在强大的压力下，奴隶主贵族们终于屈服了，盘庚把首都迁到了殷。可是斗争并没有结束。老百姓到了一个新地方，生活不习惯，纷纷要求迁回老家。奴隶主贵族也趁机兴风作浪，煽动大家要求搬回老家去。盘庚又发表了一篇训诰，用强硬的语气制止了奴隶主贵族的反对。这样又经过几年，局势才安定下来。奴隶们在这里被迫没日没夜地劳动，把殷建设成了一个十分繁荣的都市。从此，商朝的都城就固定在殷城，商王朝再次进入稳定、繁荣时期。

那时候，铜的冶炼技术得到很大提高，青铜器的制作范围也更加扩大了。殷城附近就有了一个很大的青铜器作坊，有上千个奴隶在作坊里劳动。奴隶们用铜、锡、铅三种金属做原料，冶炼铸造了成千上万件斧、钺、戈、矛、刀、镞等武器；鼎、爵、觚、壶、盘、盂等饮食器皿；斧、锛、凿、钻、铲等工具。青铜器造型优美，花纹图案精巧，达到了高超的艺术水平，形成了后来著称于世的青铜器文化。其中以司母戊大方鼎最为著名。这件青铜器高一百三十三厘米，长一百一十厘米，宽七十八厘米，重八百七十五公斤，现完整地保存在中国历史博物馆里。这是世界上迄今发掘到的最大青铜器，充分显示了我国古代劳动人民的聪明与才智。

在殷墟遗址中，还发掘到大批刻有文字的乌龟腹甲和牛肩胛骨。这种文字和现在的不同，是我国已经发现的最古的文字，叫做甲骨文，一共有三千多个单字，大多已经被考古学家认出来了。原来殷朝的王室贵族很迷信，做什么都要先采用龟甲和牛骨进行占卜。刻在龟甲和牛骨上的，大都是占卜的原因和结果，以及后来是否应验等等的话，这些卜辞记载着殷朝的许多大事，也是我们研究殷朝历史可靠的资料。

盘庚迁都，使即将衰亡的商朝得到了复兴，使得殷商这个奴隶制国家，在我国文化发展史上放出了灿烂夺目的光彩，成为当时世界上文明大国之一。

武王伐纣

周文王没有来得及实现灭亡商朝的愿望就死去了。他的儿子姬发继承了王位，就是周武王。周武王牢牢记着父王的嘱托，继续用姜太公为军师，并用自己的弟弟周公旦等为辅佐。朝中和睦，上下齐心，决心有朝一日灭商复仇。

周武王即位的时候，商朝已经很腐败了，商纣王终日饮酒作乐，荒淫无度，他强迫成千上万的奴隶，花了七年时间，在都城朝歌（今河南省淇县）建了一座周长三公里、高达千尺的鹿台。鹿台上楼观巍峨，亭阁秀丽，比夏桀的瑶台还要阔气。他还特别喜欢吃肉喝酒，便学着当年夏桀的样子，在宫院中挖了个大池子，里面灌满了酒。这个酒池很大，据说可以行船。又在池边的林木上挂上肉块，称作“肉林”。纣王和王公贵族们在“酒池肉林”中尽情享受。对广大的平民百姓，却实行残暴的统治，稍有冒犯便施之以酷刑，百姓们的生活真是苦不堪言！

比干　子姓，商纣王之叔，沫邑（今卫辉市北）人。商朝末年，因不满纣王无道，被剖心残杀。

商纣王这样荒淫残暴，很多正直的人都规劝他。他有个大臣叫梅伯，对商王朝的存亡很担忧，就向商纣王进忠言，可纣王不但听不进去，还把梅伯施于炮烙酷刑。纣王的叔父比干也好言劝说，他却说：“我听别人说你是个圣人，长着七个心眼，今天我要把你的心挖出来，看个明白！”就这样一个忠心耿耿的大臣，纣王的亲叔父惨遭杀害了。这样一来，其他的人再也不敢规劝纣王了。

商朝的天下被纣王搞得乌七八糟，再也维持不下去了。这时候，周武王在姜太公的协助下率领大军来到了黄河南岸的孟津（今河南孟津县东北）。消息传开，邻近部族首领们也纷纷前来助威。武王面对滔滔的黄河，对周军将士和各部族的首领们说道：“我的祖先对上天是有功德的，因此，上天命令先王灭掉殷商，拯救万民。先王不幸早逝，归天前将重任托付于我。你们要全力协助，完成先祖的功业啊！”说罢下令渡河，顿时千舟争渡，浪花飞溅。不料周军刚渡到对岸，武王又下令返了回来。不仅那些前来助战的部族首领们感到纳闷，就连周军武士们也摸不着头脑。

原来，这武王很有心计，他想，商国内部虽然腐败，但到底是个控制着众多诸侯国的大国，只靠周军难以取胜。他今天率兵来到孟津，一是进行一次渡河演习，二是借此机会，探探众诸侯国的虚实。他看了一下，发现周军渡河还可以，而前来助威的诸侯国首领们，有的带来了参战的队伍，有的只是来观观阵势而已。周武王认为时机还不够成熟，没有马上出兵。

回去后，周武王一方面扩充军队，准备粮草，另一方面又派出探子，去探听情况。那商纣王本来听说周武王率军打来，一阵惊慌，正准备组织队伍迎战，却见周军不战自退，以为周武王胆小，不敢与他抗衡。于是洋洋得意，继续过着花天酒地的生活。

过了一段时间，周国派出的探子相继回来把商国的情况一一介绍给武王。周武王看到时机基本成熟，决定进攻商国。

第二年春天，周武王出动了三百辆兵车，三千名勇猛的先锋，四千五百名士兵，又会集各部落和小国的支援部队，浩浩荡荡地从孟津向商朝的首都朝歌进发。这支讨伐大军士气旺盛，一路上没有遇到多大的抵抗，就到了离朝歌只有七十里路的牧野（现河南省汲县北）。

在牧野，周武王正式竖起伐纣大旗，当众誓师。他站在高高的王车上，大声说道：“尊敬的友邦国君、诸位官员和所有远征的将士们，举起你们的戈，拿起你们的盾，握好你们的矛，为讨伐暴君，我们现在就要誓师了！暴君纣王听信谗言，败坏朝纲，残害忠良，荼毒百姓，现在，我遵照上天的旨意来讨伐商纣了。所有参战的将士们，你们要勇猛向前，但不要杀害那些前来投降的人，以便使这些人为我们效劳。勇敢的将士们，作战有功的，将会得到奖赏；如果有谁不努力作战，我就要把他杀掉！”誓师完毕，就挥动旗帜，驱动兵车，向商军进攻。

这时候，商纣王正带着他的宠妃和一帮大臣，在鹿台上欣赏歌舞，喝酒吃肉。手下的人把周军进攻的消息告诉纣王，他这才散了酒席，召集大臣们商量如何应战。商朝的军队当时正在东南地区对付少数民族，一时抽不回来，纣王只好下令把大批奴隶和俘虏编入军队，一共七十万人，然后就向牧野进发。著名的牧野之战爆发了。

周武王　姬姓，名发，周文王第二子。继承父亲遗志，于公元前11世纪消灭商朝，建立了西周王朝。

牧野之战是我国古代史上规模空前的一场大战。论人数，周武王的讨伐大军远远少于商纣王的部队，可是论士气，周武王的伐纣大军同仇敌忾，都下决心要把商纣王推翻。

大战开始了，周军队伍像一排巨浪，压向商军，一场厮杀在所难免。就在这紧要关头，商军前排的兵士们突然掉转矛头，朝后排冲去。原来这些都是奴隶和俘虏，他们早就恨透了殷纣王，哪里肯替他卖命。商军前排倒戈，队伍顿时大乱，土崩瓦解。

商纣王正在朝歌城中等待胜利的消息，突然传报，商军大败，周军正向朝歌涌来。商纣王闻讯大惊，知道自己的末日到了，他不想让周军得到他的鹿台和珍宝，于是命人把王宫里的珍宝全部搬到鹿台上，自己用绫罗缠身，躺在珍宝中，点了一把火，结束了自己罪恶的一生。

周武王带着伐纣大军冲进朝歌。朝歌的老百姓早已烧好了开水煮好了饭，迎接周武王的军队。周武王一进城，百姓齐声欢呼，感谢他从商纣王的暴政底下解救了他们。

当周武王来到鹿台时，不禁大吃一惊，鹿台上的琼楼玉阁已成一片瓦砾，未燃尽的巨梁大柱还冒着缕缕青烟。周武王断定，商纣王一定畏罪自焚了。不一会儿，武士们果然在灰烬中找到一具尸体。由于尸体四周堆着许多不易燃烧的珠宝玉器，所以尸体的相貌还依稀可辨，果然是商纣王。周武王怒不可遏，朝着商纣王的尸体连射三箭，然后用青铜大斧砍下头颅，悬挂在大旗杆顶上。周武王庄严地宣告伐纣战争胜利结束，商朝已经灭亡。他得到了各部落和小国首领的拥护，建立了周朝，自称为天子。周朝是我国历史上第三个奴隶制国家，也是奴隶制社会最兴盛的时代。

千金一笑

周宣王即位后，立志复兴周室，洗刷父王的耻辱。于是他挑选了召伯虎等一批忠良贤士做自己的辅臣。在他们的辅佐下，四面讨伐，中兴周室，经过几年的征战，诸侯朝贡，四夷臣服，周宣王已成为一个名副其实的天子了。公元前782年，周宣王由于征战失利，忧郁而死。众大臣们遵照遗嘱，立太子宫涅为天子，于灵前即位。他就是西周的末代天子周幽王。此时幽王已结婚，他的妻子是申侯的女儿。她生了一个儿子，名叫宜臼。根据众朝臣的奏请,幽王下令,立申侯女为王后,宜臼为太子。

周幽王更是一个无道的昏君，他整日花天酒地，荒淫无度，常常好几个月不理朝政。周朝有个诸侯国叫褒国，其国君褒珦见天子如此荒唐，就来规劝，幽王根本不听，反而把褒珦关进大牢。

褒珦的儿子洪德见父亲被关，非常焦急，于是就与母亲商量如何救出褒珦。他们听说幽王非常喜欢美女，就用重金买下一个年轻漂亮的少女，取名“褒姒”，教给她宫中礼仪，然后送给幽王，幽王见了大喜，于是下令放了褒珦。

褒姒入宫后，很得幽王的宠爱，不久就生了一个儿子，取名叫伯服。幽王为了讨得褒姒的欢心，于是就废了申后及太子宜臼，另立褒姒为王后，伯服为太子。申后遭此厄运，怕以后幽王加害于宜臼，就让他去投奔外公以保全性命。宜臼含泪告别母亲，趁黑夜逃出镐京，投奔了申侯。

宜臼一走，幽王好像拔掉了眼中钉，很是高兴，可是只有一件事不随心意，就是褒姒有个怪脾气，她从来不笑，不管多么有趣的事情，她都不露笑容，幽王觉得十分纳闷，对褒姒说："王后生得这般妩媚，若再开颜一笑，必定更加动人了。"褒姒淡淡地说道："贱妾生来就不喜欢笑，大王不必见怪。"幽王不相信，下决心要让她笑一笑。于是贴出布告：谁能让新王后笑一笑，赏金一千。告示一出，一些人争相入宫。有的吐舌瞪眼做怪相，有的说一些荒诞的笑话，可褒姒看了，听了，仍不露一丝笑容。幽王手下有个大臣叫虢石父，是个会拍马逢迎的坏家伙，他出了一个坏点子，叫做"烽火戏诸侯"。原来古时候，遇到敌情，主要靠烽火台报警。那些烽火台遍布各诸侯国，相邻的两座能互相看见。如果白天某处发现了敌情，就点燃晒干的狼粪，靠"狼烟"传递情报；如果是晚上，就点燃柴草，靠火光传递情报。这样一座传一座，用不了多长时间，消息传遍全国，各地诸侯就会率部队

赶往京都，听候调遣。

幽王听了这个计谋，万分高兴，决定一试。一天，天气晴朗，幽王带着褒姒来到城楼顶上，登台远望，远山近水，尽收眼底。幽王下令点燃烽火，顿时狼烟四起，直冲云天。远近诸侯看到烽火点燃，还以为敌国来犯，于是纷纷点齐兵马，向镐京奔来。他们赶到镐京城下，却看不到一个敌兵，只见幽王和褒姒坐在城楼上喝酒看热闹。诸侯们的这一阵奔忙，可把褒姒给逗笑了。她笑幽王如此轻率行事，笑诸侯这样容易上当。褒姒一笑，幽王高兴了，马上给了虢石父千金的奖赏。那些诸侯可气坏了，知道受了愚弄，就大骂一气带兵回去了。

再说申后的父亲、宜臼的外祖父申侯，得知幽王废掉了申后和宜臼非常生气。于是就设计向戎人借兵，准备推翻幽王。戎人兵强马壮，早有东侵之意，现在申侯主动借兵，自然乐于相助。不几天，就将战马、刀枪备齐，发兵前来攻打镐京。幽王看到戎人真的打来了，赶紧派人去点烽火，向诸侯求救，可是这一次，诸侯们还以为天子与王后嬉戏，全都按兵不动。就这样，镐京被戎人攻破，幽王逃到骊山脚下，被杀掉了，褒姒被戎人抓走了。申侯一见镐京被攻破，幽王被杀，觉得大仇已报，但想到周朝天下，不能落在外人之手，于是又暗地里派人去通知各诸侯国，请他们派兵前来镐京，赶走了戎人。诸侯们看到幽王已死，就只好和申侯一商量，拥立幽王的儿子宜臼继承王位，就是周平王。再说戎人上了申侯的当，白白为周人消灭了昏君，自己却未占上什么便宜，因此心中怨恨，屡屡出兵东侵，烽火连绵不断。周平王即位后，怕戎人再一次打进来，加上镐京已被战火搞得残毁不全，于是，在公元前770年，他把王都从镐京迁到了周公营建的东都洛邑。因为镐京在西边，所以历史上把平王东迁以前的周朝称为西周，把平王东迁以后的周朝称作东周。

管仲拜相

齐国在今天的山东省北部。要讲齐国称霸，首先要讲齐国的大政治家管仲，因为齐桓公称霸主要靠了他的帮助。要讲管仲，又得从“管鲍之交”讲起，因为将管仲推荐给齐桓公的，是鲍叔牙。

管仲和鲍叔牙是好朋友。起初，管仲、鲍叔牙合伙做买卖。管仲家里穷，出的本钱没有鲍叔牙多，可是到分红的时候，他却要多拿。鲍叔牙手下的人都很不高兴，骂管仲贪婪。鲍叔牙却解释说：“他哪里是贪这几个钱呢？他家生活困难，是我自愿让给他。”管仲曾经带兵打仗，进攻的时候他躲在后面，退却的时候他却跑在最前面。手下的士兵全都瞧不起他，不愿再跟他去打仗。鲍叔牙却说：“管仲家里有老母亲，他保护自己是为了侍奉母亲，并不真是怕死。”鲍叔牙替管仲辩护，极力掩盖管仲的缺点，完全是为了爱惜管仲这个人才。管仲听到这些话，非常感动，叹气说：“生我的是父母，了解我的是鲍叔牙啊！”管仲和鲍叔牙就这样结成了生死之交。

管仲 名夷吾，字仲，春秋时期齐国著名的政治家，颍上（今安徽颍上）人。经鲍叔牙力荐，为齐国上卿（即丞相），辅佐齐桓公成为春秋时期的第一霸主，被称为“春秋第一相”。

当时，齐国的国君襄公没有儿子，只有两个异母兄弟。一个是公子纠，母亲是鲁国（今山东省西南部）人；一个是公子小白，母亲是卫国（今河南省北部）人。有一天，管仲对鲍叔牙说：“依我看，将来继位当国君的，不是公子纠就是公子小白，我和你每人辅佐一个吧。”鲍叔牙表示赞同。从此，管仲当了公子纠的老师，鲍叔牙做了公子小白的老师。

齐襄公十分残暴昏庸，常常找碴儿责骂大臣。管仲、鲍叔牙知道他们不会有好结果，找了个机会，一个带着公子纠躲到鲁国去了，一个带着公子小白躲到莒国（今山东省莒县）去了。

周庄王十二年（前685），公孙无知杀死了齐襄公，夺了君位。不到一个月，公孙无知又被大臣们杀死了。齐国有些大臣暗地派使者去莒国迎接公子小白回齐国即位。

鲁庄公听到这个消息，决定亲自率领三百辆兵车，用曹沫为大将，护送公子纠回齐国。他先让管仲带一部分兵马在路上去拦截公子小白。

管仲带着三十辆兵车，日夜兼程，追赶公子小白。他们追到即墨（今山东省平度县东南），听说莒国军队已经过去半天了，就接着赶路，一口气又追了三十多里。他们远远看见莒国军队正在小树林边生火做饭，公子小白端坐车中。管仲跑上前去，说："公子，您这是上哪儿去啊？"小白说："去办理丧事啊。"管仲又说："公子纠比您年龄大，有他办理丧事就行了，您何必急急忙忙赶路呢！"鲍叔牙知道管仲的用心，很不高兴地对管仲说："管仲，你快回去吧。各人有各人的事，你不必多管。"管仲左右一看，那些随从的人，一个个横眉立目，摩拳擦掌，好像要和他拼命似的，再看看自己的人，比他们少多了，心想，硬碰硬非吃亏不可，便假装答应，退了下去。没走几步，突然回过身来，弯弓搭箭，瞄准小白，一箭射去。只听小白大叫一声，口吐鲜血，倒在车上。周围的人一窝蜂跑去救护，其中有人大叫："不好了！"接着，很多人就大哭了起来。

管仲看到这个情景，认为小白一定死了，便驾车飞跑回去，向鲁庄公报告。鲁庄公听说小白已经死了，马上设宴庆贺，然后带着公子纠，慢慢悠悠地向齐国进发。

哪里知道，管仲这一箭并没射死公子小白，只射中了小白的衣带钩。小白怕管仲再射箭，急中生智，把舌

【汉宫春晓】卷 局部［明］仇英 中国台北故宫博物院藏 23－1

【汉宫春晓】卷 局部 [明] 仇英 中国台北故宫博物院藏 23-1

头咬破，假装吐血而死。忙乱中大家也都被他瞒住了。直到管仲走远了，小白才睁开眼，坐起来。鲍叔牙说："我们得快跑，说不定管仲还会回来。"于是，公子小白换了衣服，坐在有篷的车里，抄小路赶到了齐国都城临淄。这时候，鲁庄公和公子纠还在半路上呢！

齐国原来主张立公子纠为国君的大臣们，见公子小白先回来了，就对鲍叔牙说："你要立公子小白为国君，公子纠回来了可怎么办呢？"鲍叔牙说："齐国连遭内乱，非得有个像公子小白这样贤明的人来当国君，才能安定。现在公子小白比公子纠先回来了，这不正是天意吗？你们再想一想，鲁庄公护送公子纠回来，要是公子纠当了国君，鲁庄公肯定要勒索财物，齐国本来就够惨的了，那样一来，怎么受得了呢？"大臣们听鲍叔牙说得有理，便都同意让公子小白即位，他就是历史上有名的齐桓公。

过了好几天，鲁庄公才率领大军到达齐国的边境。他听说公子小白并没有死，而且已经当上了国君，顿时大怒，马上向齐发动进攻。齐桓公只好发兵应战。两军在乾时（今山东省淄博市西面）混战一场，鲁军被打得大败。

鲁庄公大败回国，还没喘过气，齐国大军又打上门来了，强令鲁庄公杀死公子纠，交出管仲。鲁庄公一看，大兵压境，不愿意为一个公子纠冒亡国的风险，就急忙下令将公子纠杀死，又叫人把管仲抓起来，准备送给齐

鲁侯爵　西周早期，通高 20 厘米，重 0.76 千克。释文：鲁侯作考爵，鬯㝬，用尊臬盟。

国。谋士施伯对鲁庄公说："管仲是天下奇才，如果齐国用了他，富国强兵，对咱们是莫大的威胁，我看还不如把他留在鲁国。"

这时候，鲁庄公的心里只有国门外的齐军，哪里还敢把管仲留下重用？施伯话还没说完，鲁庄公说："那怎么行！齐桓公的仇人，我们反而重用，齐桓公是不会饶过我们的。"施伯说："您如果不用，干脆就把他杀了，也免得齐国用他。"鲁庄公动了心，打算杀死管仲。

受鲍叔牙之命去鲁国接管仲的隰朋，听说鲁庄公要杀管仲，慌了，急忙跑去对鲁庄公说："我们国君对管仲恨之入骨，非要亲手杀他才解恨。你们把他交给我吧。"鲁庄公只好将公子纠的头连同管仲都交给隰朋带回齐国。

管仲进了齐国的地界，鲍叔牙早就等在那里了。他一见管仲，如获至宝，马上让人将囚车打开，把管仲放了出来，一同回到临淄。鲍叔牙把管仲安排在自己家里住下，随后去向齐桓公推荐管仲。齐桓公说："管仲不就是那个射我衣带钩的家伙吗？他射的箭至今我还留着呢！我恨不得剥了他的皮，吃了他的肉，你还想让我重用他？"鲍叔牙说："那时各为其主嘛！管仲射您的时候，他心中只有公子纠。再说，您如果真要富国强兵，建立霸业，没有一大批贤明的人是不行的。”齐桓公说：“我早已经想好了，在我的大臣中，你是最忠心、最能干的了，我要请你作相，帮助我富国强兵。”鲍叔牙说：“我比管仲差远了，我不过是个小心谨慎、奉公守法的臣子而已，管仲才是治国图霸的人才哪！您要是重用他，他将为您射得天下，哪里只射中一个衣带钩呢！”

齐桓公见鲍叔牙这么推崇管仲，就说：“那你明天带他来见我吧。”鲍叔牙笑了笑说：“您要得到有用的人才，必须恭恭敬敬以礼相待，怎么能随随便便召来呢？”于是，齐桓公选了一个好日子，亲自出城迎接管仲，并且请管仲坐在他的车上，一起进城。

管仲到了宫廷，急忙跪下向齐桓公谢罪。齐桓公亲自把管仲扶起来，虚心地向他请教富国强兵、建立霸业的方法。管仲讲得一清二楚。两人越谈越投机，一直谈三天三夜，真是相见恨晚。齐桓公接着就任命管仲为相。

齐桓公称霸

管仲走马上任，改革内政。经过管仲的改革治理，齐国的经济、军事力量日益雄厚。齐桓公准备在诸侯中成为霸主。公元前 681 年，在管仲的建议下，齐桓公提出“尊王攘夷”的口号，借周王的名义来号令诸侯。齐桓公打出“尊王攘夷”这面旗帜，很适应当时的形势。周王室虽然逐渐衰落，不能对诸侯发号施令，但仍然有一定影响力。当时的夷、狄等少数民经常入侵中原，成为了各诸侯国的共同敌人。齐桓公正是利用这一点来取信诸侯，提高自己的威望。

在齐桓公提出“尊王攘夷”的口号不久，宋国发生内乱，原国君被杀死，新君刚立。齐桓公抓住这个机会，派人去见周王，让周王来过问宋国的君位问题。周王很高兴，就让齐桓公全权处理这件事。于是，齐桓公就约宋、鲁、陈、蔡、卫、郑、曹、邾等国，在公元前681年三月初到北杏开会。但实际到会的只有齐、宋、陈、蔡、邾五国。宋国新君又偷偷地提前跑了。对这次会盟，桓公大为不满。回国后，对那些不听号令的国家举兵征讨。首先被讨伐的是鲁国。两军对阵，鲁庄公看到大军压境，于鲁国不利，对齐示弱，两国商定在柯地会盟。鲁庄公带着随从曹沫来到柯地。当两国国君歃血为盟时，曹沫手提匕首，冲上台去，一把揪住齐桓公，大声斥责要他归还鲁国的土地。管仲建议齐桓公答应他的要求。这样，两国缔结了盟约。此事传出后，许多诸侯都称赞齐桓公仁德

齐史疑觯　通高11.2厘米，口径6.6厘米，重0.24千克。释文：齐史疑作祖辛宝彝。

宽厚，有君子之风。紧接着，宋国也派人到齐桓公那里认错。齐桓公同意宋国入盟。这个联盟已有七个国家加入。这样，齐桓公逐渐成为中原各国的真正盟主。

此后，齐桓公又亲率大兵，打退了入侵中原的戎、狄势力，帮助燕国、卫国、邢国击退入侵之敌，把这几个国家拉入联盟。最后，齐桓公又率军逼退了欲北上争霸的楚军，齐桓公在诸侯中的威望更加高涨。

在齐桓公时代，齐桓公曾经九次会盟诸侯，其中，以公元前651年的葵丘之盟最盛。那也是齐桓公霸主威望最高的时候。齐桓公之所以能够成为春秋五霸之首，管仲有很大的功劳，是他使桓公“九合诸侯，一匡天下”。

唇亡齿寒

齐国的西北边是晋国，晋的南面有两个小国家，一个叫虞（今山西省平陆县东北），一个叫虢（今山西省平陆县东南）。这两个国家山水相连，他们的祖先又都姓姬，所以相处得十分和睦。可是虢国的国君不自量力，经常到晋国边界闹事，侵犯晋国。晋献公老想发兵讨伐虢国，总没找到机会。有一天，他问大夫荀息：“现在可以讨伐虢国吗？”荀息说：“不行，现在虞虢两国关系很好，要是攻打虢国，虞国一定来援助。咱们一个对付他们两个，我看恐怕不能取胜。”献公说：“照你这么说，只好眼看着虢国欺负咱们了？”荀息说：“虢公喜欢玩乐，我们送些美女去，让他尽情享乐，不理政事，我们就可以乘机去攻打了。”献公依计而行。虢公见了晋国送的美女，果然什么都不干了，整日花天酒地，吃喝玩乐。晋献公又问荀息：“现在可以攻打虢国了吧？”荀息说：“可以。不过咱们要是去攻打虢国，最好不要让虞国来援救它。您可以给虞公送一份厚礼，向他借条路去讨伐虢国。这样一来，虢国就会猜疑虞国，虞国也就不会帮助虢国了。”献公说：“我们刚刚给虢公送去美女，现在又说去讨伐他，虞公怎么肯信呢？”荀息说：“这容易，您派一些人去虢国北部边界闹事，虢国一定要来责备咱们，咱们来个不认账，不就找到讨伐虢国的理由了吗？”晋献公就照荀息的主意办。虢国守边的官吏果然派人来质问。晋献公看到第一步成功了，就派大夫荀息出使虞国。

荀息见了虞公，先送上一双名贵的玉璧和一匹千里马。虞公是个贪心很重的人，见了礼物，眉开眼笑。手里玩着玉璧，眼睛盯着千里马，唯恐荀息再要回去。他问荀息：“这些东西是贵国的国宝，天下无双，怎么会舍得送给我呀？贵国有什么事要我帮忙吧？”荀息说：“敝国国君一向仰慕您，很想和您结交，这点薄礼只是表示一点心意。顺便有点小事求您帮个忙。虢人多次侵犯我们边界，我们打算惩罚他们，贵国可不可以借一条道，让我们过去？如果侥幸打赢了，所有缴获，都送给您。”虞公高兴地答应了。送走荀息后，大夫宫之奇说：

“虢虞两国好比嘴唇和牙齿，俗话说‘唇亡齿寒’。如果没了嘴唇，牙齿就会受冻。虢国灭了，咱们虞国还能够生存吗？”虞公说：“晋国连这么贵重的宝贝都送给我了，咱们连条道都舍不得借给他，未免太说不过去了。而且晋国比虢国强大十倍，就算失去了虢国，交上了一个强大的晋国做朋友，这还不上算吗？”宫之奇还想劝他几句，被大夫百里奚止住了。退朝以后，宫之奇问百里奚：“您不帮我说几句，怎么反而劝阻我呢？”百里奚说：“唉！给糊涂人出主意，好比把珍珠扔在道路上。反正国君是不会听的，再劝下去，说不定您还会有生命危险哪。”宫之奇料到虞国一定要灭亡，就带着全家老小悄悄地跑了。

周惠王十九年（前658）晋献公派大将里克和荀息去讨伐虢国，当晋国的兵车经过虞国的时候，虞公对荀息说：“为了报答贵国，我情愿率兵助战。”荀息说：“您与其派兵助战，不如将下阳关献给我们。”虞公莫明其妙地说：“下阳是虢国的土地，我哪有权献给你呢？”荀息说：“我听说虢公正和犬戎交战，胜负未定，您假装前去助战，他们一定会放您进去。您把兵车都装上我们晋兵，只要他们一开城门，下阳关不就是我们的了吗？”虞公言听计从，果然帮助晋军拿下了下阳关。晋军又乘胜前进，在周惠王二十二年（前655）灭了虢国。里克将俘获的歌女和抢来的财宝分了一些送给虞公，虞公更高兴了。里克把大军驻扎在虞国都城外，说休息几天再回去。

一天，忽然守门的人跑来报告："晋侯来了，正在城外。"虞公急忙备车，到城外欢迎。晋侯约虞公到箕山打猎，虞公为了显示自己的排场，将城中的兵马全部调出，跟随自己去打猎。正玩得高兴，百里奚气喘吁吁地跑来说："听说城里出事了，您赶快回去吧。"虞公刚到城边，只见城楼上一员大将，威风凛凛，朝虞公喊道："您好啊！前次蒙您借给我们一条路，这次又蒙您借给我们一个国家，谢谢您了！"虞公大怒，便想攻城。不料城头上箭如雨下。又听人喊："晋侯大军到了。"这时候，虞公如梦初醒，悔恨交加，回头看到百里奚还跟着自己，便说："当初您怎么也不劝劝我呢？"百里奚说："您连宫之奇的话都听不进去，还能听我的吗？"

正说着，晋献公到了，他笑嘻嘻地对虞公说："我这次来，就是为了取回我的玉璧和千里马的！不过我也不能忘记您借道给我的好意，另外送给您一匹马和一块玉璧吧。"愚昧而贪婪的虞公就这样把国家断送了，自己也当了晋国的俘虏。唇亡齿寒，多么深刻的教训啊。

晋文公退避三舍

晋文公把晋国的内部事物安顿好，看到国家一天天强大了，就开始向中原地区发展了。这时，齐国已经衰落，南边的楚国却强大起来，黄河以南的大片土地都成为楚国的势力范围，楚成王还不断把自己的势力向北渗透。这样一来，晋楚两国的矛盾和冲突就变得越来越尖锐。

周襄王十八年（前 634），楚国借宋国投靠晋国为名，派兵攻宋。宋成公派人到晋国求救，晋文公召集群臣商议对策。大将军先轸说："现在能和晋国抗衡的只有楚国，主公想称霸诸侯，就一定要打败楚国。"狐偃等人都同意先轸的意见，还说："楚国不久前刚把曹国拉过去，又和卫国结成亲家，现在他们三国正是关系最好的时候，曹、卫两国与我们积怨甚久，我们只好先出兵去攻打这两个国家，楚国一定会去救，这样一来，宋国的围就可解了，我们的仇也报了，岂不一举两得吗？"这个意见得到大家的赞同，晋文公决定出兵。

周襄王二十年（前 632），晋国出兵讨伐曹、卫。晋军人多势众，军纪严明，没几天就打下了这两个小国。但楚国还是围着宋国不肯撤兵。晋文公感到十分为难，他对先轸说："如不援救宋国，他势必与我们一刀两断。要去救他，又免不了与楚国有一场恶战，而光靠我们自己的力量未必就能打败楚国，最好能联合齐、秦两国一起攻楚。只是齐、秦素来与楚无怨，怎样才

能让他们帮我们呢？”先轸说：“这有何难？让宋国用贵重礼物贿赂齐、秦两国，请这两国为宋说情，求楚国退兵。如果楚不同意退兵，齐秦就会认为不给他们面子，到那时，我们联合他们去攻打楚国，准保能成。”

过了几天，齐秦两国的使者正在楚国大将军成得臣面前替宋国说情，只见有人来报说宋国仗着晋国的势力，把曹、卫两国的土地都占了。成得臣一怒之下说道：“宋国这样欺负我们的保护国，明明是看不起我们楚国，还有什么和好讲。”齐秦两国使者弄了个没趣，只好离去。晋文公早就派人等在半路上，把两位使臣请到晋军大营之中，设宴款待，对他们说；“楚国将领太狂妄了，当面羞辱二位，我们马上就要向楚开战，请你们两国多多协助。”两位使臣当即同意。

楚成王一听说晋、齐、秦三国联盟，感到势力有些单薄，就派人通知成得臣退兵，并对他说：“晋侯在外奔波多年，现在都六十多岁了，很有经验，我们未必打得过，不如尽早收兵吧。”成得臣却回答说：“拿下宋国只不过是早晚的事了，现在撤兵太可惜，请主公再准我打几天，战胜了宋国再班师回朝。”

成得臣为早日取胜，加紧攻打宋国，却不断遭到宋国军民拼命抵抗，楚军一时也攻不进城去。这时晋文公又设计使曹、卫两国写信与楚断交，并把成得臣的使者扣下。这一来把个火爆脾气的成得臣气得七窍生烟，令三军立即解除对宋国的包围，集中兵力与晋军直接作战。

这时晋军的力量虽稍弱于楚军，且又远离本国作战，但已占领曹、卫两国作为前进的基地，况且齐、秦已与他结成联盟，从而也很有实力。当晋、楚两军直接相对，正要开战时，狐偃对晋文公说："当初您在楚国为客时，曾对楚王说，万一交战，晋军一定退避三舍。现在可不能失信啊。"晋文公听了不语，身边的部将都纷纷反对。狐偃又说："成得臣虽猖狂，但楚王的恩情我们不能忘。我们退避三舍正是对楚王表示谢意，并非怕成得臣啊。"大家听狐偃讲得有道理，就同意了。

楚军见晋退兵，以为晋军害怕了，就在后面追。晋军将士奉命撤退，见楚军这样气盛、猖狂，不由得暗下决心，一定要打败楚军。晋军一退就是九十里，待扎下营来，成得臣派人送的战书也就到了。第二天两军对垒，都想借此一仗置对方于死地。

交战开始，晋军主帅先轸派三军中的下军去攻由陈、蔡联军组成的楚军中的右军。这是一个薄弱环节，晋军一个冲锋就将陈蔡联军击溃了。接着先轸又命上军主将狐毛假充晋军主帅，迷惑对方。楚左军主将斗宜申看见晋军主帅旗帜，便马上指挥兵士冲杀过来，狐毛抵挡几下假意败逃，斗宜申不知是计，紧紧追赶。眼看就要追上，忽听一阵鼓声，晋军主帅先轸率精锐部队拦腰杀出，狐毛也率队反击，两边夹击，楚军顿时慌乱。成得臣见势不好，急令收兵，才幸免全军覆没。

楚军战败的消息传到了楚成王耳朵里，他本来就不满成得臣一意孤行，现在又看伤亡惨重，不由得大骂道："随他出征的战士死亡这样多，他还有什么脸回来！"成得臣听到此话，羞愧万分就自杀了。

晋军大胜的消息传到洛阳，周襄王派人慰劳晋文公。晋文公把俘获的一千名楚兵和一百辆战车献给周王。周王又赐给晋文公红色弓箭和黑色弓箭各一百张。在那个时候，周天子赐弓箭给诸侯，是种很高的奖赏，表示允许这个诸侯自由征伐其他诸侯。这时，晋文公在诸侯中的威望很高了，他借此机会会合诸侯，饮血为盟，当上了霸主。

楚庄王一鸣惊人

楚成王在城濮之战败后不久，便被他的儿子商臣害死了。商臣就是楚穆王。楚穆王不甘心失败，加紧操练兵马，发誓要和晋国决一雌雄。可天不遂人愿，正当他雄心勃勃，准备大干一场的时候，突然暴病死了。他的儿子旅即位，就是赫赫有名的楚庄王。

晋国便趁着楚国国丧之机，积极拉拢其他诸侯国，发展壮大自己的势力。这一来，楚国的大臣们心急如焚，可楚庄王却无动于衷。即位三年来，只知沉迷于吃喝玩乐，而不理政事。

有一天，大夫伍举来见楚庄王。楚庄王手里端着酒杯，嘴里嚼着鹿肉，醉醺醺地在欣赏歌舞。他眯缝着眼睛问道："大夫此来，是要喝酒呢，还是想看歌舞？"伍举心情沉重地说："有个谜语，我怎么也猜不着，特来向您请教。"楚庄王一边喝酒，一边说："什么谜语，这样难猜？你说说看。"伍举说："楚国京城，有只大鸟，五彩缤纷，美好多娇。整整三年，不飞不叫，满朝文武，莫名其妙。请您猜猜看，这究竟是只什么鸟？"楚庄王一听，心里明白伍举的意思，笑着说："我猜到了。这可不是只普通的鸟。这只鸟啊，三年不飞，一飞冲天；三年不鸣，一鸣惊人。你等着看吧。"伍举也明白了楚庄王的意思，他高兴地退了出去。后来又经大夫苏从冒死劝谏，楚庄王终于决定要干一番事业。

他首先整顿内政，起用有作为的人，把伍举、苏从提拔到关键的职位上去。并将权力过大的人进行权力分化，以防其专政谋反。

另一面扩充军队，加强训练，准备和晋国决战，报城濮之战的仇。他即位的第六年，出兵灭了庸国（今湖北省竹山县一带）；打败了宋国；第八年，又打败了陆浑（今河南嵩县北部）的戎族。楚庄王还在周朝的边界上阅兵示威，吓得周定王赶忙派大臣王孙满去慰劳。楚庄王见了王孙满，头一句话就问周朝京城宗庙里的九鼎有多重。这九鼎是天子权力的象征，问九鼎的重量，实际上就是对周天王地位的威胁。经过这一番耀武扬威，楚国的势力和声威大大振作起来。

然而，在楚国国力日益强盛之时，国内的不稳定因素也同样存在。即周定王二年（前 605），大臣斗越椒趁庄王讨伐陆浑的时候谋反，后来在漳水这一地方进行了一场大战，最终斗越椒被箭射死，楚军大胜。后又经多年的发展，楚庄王认为已经准备充分，决定挥兵北上，同晋国争霸。

周定王九年（前 598），楚庄王趁陈国内乱的机会，派兵降服了陈国。第二年，楚庄王亲自率领大军去攻打郑国。陈、郑都是晋国的保护国，楚国出兵陈、郑，就是向晋国挑战，不承认晋国的霸主地位。

晋国当然不甘示弱。这一年的夏天，晋景公派荀林父为大将，先轸的孙子先縠为副将，率领六百辆兵车，去援救郑国。大队人马到了黄河边上，探子报告，郑国已经投降，楚国正在往回撤兵。荀林父一听到这消息，便决定退兵，而先縠却意气用事，仗着自己是将门之子和刚愎自用的赵同、赵括兄弟领兵过河，直朝楚军攻去。

楚庄王听说晋军已经渡过黄河，便召集部将们商量对策。令尹孙叔敖主张同晋军讲和，然后退兵。一批年轻的将士都主张战斗。楚庄王一时拿不定主意。有一个叫伍参的小臣向楚庄王分析了晋军内部各派系的分歧，指出其上下不同心的缺点，认为此战必定能获胜。楚庄王听伍参分析得入情入理，便下令楚军摆开阵势，将战车一律朝向北方，准备出击。

孙叔敖见晋军有六百辆兵车，实力雄厚，便建议庄王先派人和晋国讲和，如果此计不通再打也不迟。楚庄王接受了这个建议，派蔡鸠居出使晋军。荀林父表示同意讲和，并且提出双方同时退兵。蔡鸠居完成了使命，准备返回楚营。谁知出来时，在营帐外碰到先縠和赵氏兄弟俩，他们表示决不讲和，并对蔡鸠居极力挖苦、侮辱，并含沙射影对楚庄王及楚国进行讽刺。

蔡鸠居跑回楚营，把他受侮辱的情况向楚庄王讲了一遍。庄王大怒，问："谁敢打头阵，给晋军点厉害瞧瞧？"大将乐伯挺身而出，跨上战车，直奔晋军大营，见到晋兵，也不说话，举箭便射，一连三人中箭而倒。晋军见楚将杀人，分三路追击。乐伯左、右开弓，连射几匹战马和几个士兵且箭无虚发，吓得晋军谁也不敢再追，眼睁睁地看着乐伯跑回楚军大营。

荀林父见楚军来挑战，急忙又派魏锜去讲和。荀林父怎么也没有想到，这个魏锜是个小人，竟因晋景公没有封他做大夫，一直心存怨恨，故意将求和之事反向处理，向楚军下了战书。回来后对荀林父说："楚王不同意讲和，一定要决一胜负。"

更意料不到的事情发生了。晋将赵旃自恃本事不凡，总想立名，便在晚上趁黑带兵去偷袭楚军，不小心却被发现了，楚庄王亲自率兵追击，楚军将领见庄王亲自出击，纷纷追随。楚军决定趁机直攻晋军大营。霎时间，鼓声如雷，车马飞驰，楚军将士争先向晋国军营冲去。晋军将士睡得正酣，一点没有准备。荀林父听到鼓声，急忙下令抵抗。两国军队在邲城（今河南郑州东）郊外大战起来。晋兵刚从梦中惊醒，一时之间，仓促应战，士气不振，抵抗不力。而楚军一鼓作气，往来冲杀，没多大功夫，就把晋军打得溃不成军了。

荀林父带着残兵败将，仓惶逃走。逃至河边，船少人多，你争我夺，自相残杀。船上的人满了，后来的人攀住不放，把船弄翻了不少。先縠站在船上，喊道："谁再攀住船不放，用刀砍他的手。"于是那些船上的士兵举起刀来，砍那些攀船的人，手起刀落，鲜血淋漓，河水都染红了，真是惨不忍睹。

楚庄王率领楚军开进邲城。有人请他乘胜追击。楚庄王说："楚国自从城濮之战败给晋军，就不敢和晋国争锋，这次胜利，足以洗刷掉以前的耻辱了！晋、楚皆为大国，早晚总得讲和，何必赶尽杀绝呢？"于是，下令楚军立即收兵，放晋国官兵渡河回去。

邲城一战，拥有六百辆兵车的晋国大军，一夜之间，几乎全军覆灭。三年不鸣的楚庄王终于一鸣惊人，他继齐桓公、晋文公、秦穆公之后，也当了霸主。

吴越争霸

公元前496年，吴王阖庐亲率大军征讨越国，双方大军在今浙江嘉兴一带展开了激战。最终，越国取得胜利，吴军大败，倒退了几十里。吴王在仓惶出逃中腿部被毒箭射中，当天毒发而死。

阖庐临死之前，吩咐立太子夫差为王，并嘱咐他一定不要忘记杀父之仇。

夫差当了吴王，任命伯嚭为太宰，总理国家大事，重用伍子胥等人。他时刻不忘父亲临死时的话，精心治理国家，训练军队，网罗大量贤人，经过三年的努力，吴国的国力大增。伍子胥认为时机已成熟，就劝说吴王攻打越国。

于是夫差亲率精兵，攻打越国，在夫椒大败越军。越王勾践带着五千残兵败将逃到会稽山上。夫差立即将其团团包围。

吴王夫差矛　春秋吴国兵器，1983年出土于湖北省江陵县楚墓。通长29.5厘米。铭文：吴王夫差自作用鉈。现藏于湖北省博物馆。

走投无路的越王勾践只好听从范蠡的建议，派文种带重礼去求和。文种来到吴军阵中，跪在夫差面前，行臣子之礼，并说勾践愿做夫差的臣子，勾践的妻子愿意做仆人，为大王日日夜夜服务。

夫差听完，十分得意。伍子胥知道吴王爱慕虚荣，又缺乏远见，伍子胥就对他说："寇不可养，敌不可纵，吴国的力量现在并不是很强，如果放弃了这个机会，日后一定会后悔的。况且勾践的为人十分阴险，如果留他，必有后患。"夫差听他这么一说，也不敢答应了。

勾践见求和不成，便想拼死突围，结果被文种劝阻。于是勾践又派文种带重礼买通了伯嚭，又为夫差送上了许多美女。夫差见到这些美女眉开眼笑，再加上伯嚭在一旁的劝解，就同意了议和，退兵而去了。

伍子胥看着向后撤退的大军，眼泪止不住流下来，说："吴国不久就会被越国灭亡的"。

勾践从会稽回到国内，整天忧心苦思，尽心治国，食不甘，睡不眠。他将一枚很大的苦胆挂在自己的座椅旁边，吃饭之前，总先要尝尝这苦胆提醒自己不要忘了会稽之辱。

勾践一方面让范蠡到吴国做人质，另一方面让文种总理国政，休养生息，招贤纳士。就这样，经过了七年，越国的力量大增，越王勾践觉得时机已经成熟，就准备向吴国报仇，但大夫逢同却建议勾践再等良机，待吴国和其他国发生争战时再消灭他。勾践认为有理，便采纳了。

又过了两年，吴王夫差不听伍子胥的劝告，出兵

越王勾践剑 春秋晚期兵器。1965年出土于湖北省江陵县望山，长55.7厘米，宽4.6厘米，柄长8.4厘米。铭文：越王鸠浅自制用剑。现藏于湖北省博物馆。

讨伐齐国，结果大胜，为此更加得意洋洋。而伍子胥更加忧虑不堪。

这些事情越国人都看在眼里，文种说："夫差太骄纵了，我们可以向他借一些粮食来试探一下他对我国的态度。"勾践认为他的办法不错，就派文种到吴国去，以越国遭受粮荒为由，要吴国借一点粮食给他们，夫差觉得这是小事，就准备答应，可是伍子胥却不同意，但是吴王认为他老了，不中用了，根本不听他的劝告，借给了越国很多粮食。

伍子胥慨叹道："三年后，吴国将会变为一堆废墟。"这话给伯嚭听到了，就在夫差面前说他的坏话。夫差一气之下就把他派到齐国去。伍子胥在到齐国之前，就把儿子托付给好友鲍牧教养。伯嚭等又利用这一问题离间夫差与伍子胥的关系，夫差听到后大发雷霆，等到伍子胥从齐国回来，就派人赐给他一把"属镂"剑，让他自行了结。

伍子胥拿着那把剑，知道他所预料的事到了，他来到夫差面前，大笑道："你这个昏君不明真相，我帮助你父亲成了霸业，又拥你为王，你当初要把江山分一半给我，我没接受，可没过多久，你就听信谗言，要加害于我，我老了，死又何足惜，我为我们吴国的未来在心里痛哭。你这个昏君，吴国就毁在了你的手中。”又对旁边他的下人说，“我死后，把我的眼睛挖下来，挂在都城的东门上，我要亲眼看看越国的将士是怎样进城的。”

说罢，拿起剑向着自己的胸膛猛地一刺，倒在了血泊中。

伍子胥死后，又过了四年，越国的力量足以和吴国抗衡了，于是勾践动员全国民众讨伐吴国，以雪国耻。

吴国人做梦都没有想到，越国怎么有这么多的军队，勾践率领几十万大兵向吴国进发，在骄纵的国王夫差的统治下，吴国的军队失去了起码的战斗力，根本就不堪一击，节节败退，越军长驱直入，将吴王夫差一直赶到姑苏山上。

范蠡　（前517—前448），字少伯，楚国宛地（今河南南阳）人，春秋战国末期的政治家、军事家和经济学家。辅助勾践灭吴后，辞去相职，定居于陶（今山东定陶），经商积资巨万，称“陶朱公”。

走投无路的夫差派大夫公孙雄下山求和。公孙雄全裸着身子，背上背着荆棘，跪在地下向前爬行，一直爬到勾践的面前，说：“无路可走的夫差派我来给他传递他的心里话，他以前得罪了您，他给您陪不是，如今您要是能高抬贵手放我们回去，他说他一定甘心做您的臣民，一定听从您的任何命令，当初在会稽山上，夫差对您还是不错的，夫差愿您一样对他。”

勾践听他这么一说，也动心了，范蠡似乎觉察到勾践的心思，就说：“难道大王忘记了十多年来日日夜夜盼望的事了吗，难道忘记了为了复仇，我们国家的千千万万人民所付出的血和汗了吗？今天如果放了他，将来您是另一个夫差。”

勾践顿时哑口无言。

最终，勾践对那个使者说：“回去转告你家大王，我可以把他安置到甬东，统治一百户人家。”

此时的吴王夫差心灰意冷，他对逼他投降的越国使者说：“我老了，不能服侍你们的君王了。”就拔剑自杀了。临死时还在高叫：“我对不起伍子胥，我对不起伍子胥！”让他的手下人把他的脸盖起来，觉得无颜去见伍子胥。

越王的部队攻进了吴国的国都，杀了那个无用而又好进谗言的伯嚭。从此，吴国灭亡，越国统治整个江南地区。

晏子使楚

公元前 531 年，楚灵王进攻陈国和蔡国，两个国家的国君慌了，就派人到晋国去求救，可是，当时晋国也是泥菩萨过江自身难保了，不能派兵去解救他们，就回绝了陈、蔡两国的请求。

齐国靠着晏子的智谋，国力渐渐强盛起来了，齐景公就想重温当年齐桓公称霸诸侯的好梦，以为晋国目前已经是不行了，称霸诸侯非齐国莫属。但要想称霸必须要使楚国服从自己，楚国当时是一个大国，要想使他臣服并不是一件容易的事。

齐景公于是派晏子到楚国去，一来是去和楚国交好，另一方面想探探楚国的底细。

楚灵王的使臣听说晏子要来楚国，就对大臣们说："晏子是齐国有名的大臣，能说会道，但是他长得很矮，只有三尺多高，你们想想办法，这次来出出他的丑，也好长长我们楚国的威风。"

他的一个大臣出了一个馊主意，他们叫人在城门旁边打开一个三尺多高的洞，那就是给晏子准备的。

晏子哪里知道这些，他高高兴兴来到楚国城墙下，大门却紧关着，城墙两边站着列卫士，瞧着他，一动不动的，晏子说："请你们把大门打开。"一个领头的卫士说:"大门开起来很费事，你就从旁边这个小门进吧。"

晏子知道他们是成心要侮辱自己，就从车子上走下来，走到他们的面前，说："这不是城门，而是狗洞，出使狗国的人，才能钻狗洞，这真搞糊涂了，我是来楚国呢，还是来狗国？"

卫士们被他这番话说得无地自容，而那些在城墙上面等着看笑话的大臣们，也一个个面面相觑，卫士们只好打开城门让晏子进去。

晏子拜见楚灵王，这位国君还是想羞辱他，就淡淡一笑，说道："哎呀，你们齐国难道真是没有人了吗？"

晏子明白楚王的意思，便不慌不忙说："大王是不是有点少见多怪啊，我们齐国光都城就有好多万人，要是大家都撑起衣袖，就能遮天蔽日；要是大家都洒上一把汗水，就能聚成一场大雨。"

楚灵王身子往后一仰，哈哈大笑，道："那么，你们齐国为什么派你这样的人来当使者呢？"

晏子笑着说道："我们齐国派遣使者有一个规矩，德才兼备的人，出使那些仁义贤良的国家；碌碌无为的人，派到那些昏庸无道的国家。所以我就被派到你们国家来了。"

楚灵王一听这番话，心里想道：这个晏子果然名不虚传，嘴厉害得就像一把刀子。哪里敢欺负他，只好乖乖地把他当作贵宾来对待。

楚王设宴招待晏子，但是他还是想捉弄这个其貌不扬却绝顶聪明的家伙。他们正在喝酒的时候，堂下忽然走出两个武士，他们押着一个囚犯，满脸都是凶相。

楚王喝道："你们到这来干什么？"

晏婴 字仲，谥平，习惯上多称平仲、晏子。山东高密人。春秋后期著名的政治家、思想家、外交家。

“我们抓了一个罪犯。”其中一个武士回答道。

楚王问：“他是哪个国家的人？”

武士说：“他是齐国人，偷我们楚国的东西，被我们当场抓住。”

楚王转过身来，对晏子不怀好意的一笑，说：“请问先生，你们齐国人都很善于偷盗吗？”堂下一片哄堂大笑。

晏子早已知道他葫芦里卖的是什么药，他平静地站了起来，离开座位，走到楚王的面前，以一种无可辩驳的语气说道：“大王，你没有听人说过吗，桔树种在淮南，结出来的桔子就又大又甜；可是同样一棵桔树，要是种到了淮北，就会结出又小又酸的果子，就变成了枳。这是因为两地的水土不同啊。同样的道理，人也是如此，我们齐国人在齐国时好好的，个个懂礼，一到你们楚国就变成了小偷，这也许就是我们两个国家的水土不同的缘故吧。”

楚王真是搬起石头砸自己的脚，气急败坏地对堂下叫道：“你们快给我滚开。”

经过这几次交锋，楚王再也不敢戏弄这个小矮个子了。只好客客气气地对待他。晏子出色地完成了这次的任务。

晏子回到了齐国，向齐景公谈了自己对楚国目前的看法。他认为，楚灵王狂妄自大，楚国的朝中又没有得力的大臣，这时候正是攻打楚国的好时机。于是齐景公就发兵去征讨楚国，夺取了楚国许多城池，自此楚国的力量越来越弱了，而齐国的力量却不断强大起来。

孔子周游列国

孔子名丘，字仲尼，祖籍宋国，他的祖父曾经与华氏家族发生冲突，全家被迫逃难鲁国，孔子三岁那年他的父亲就去世了。其母颜氏受尽孔氏家族的欺凌，就带着孔子搬到曲阜生活。

鲁国是周初周公旦的封地，保留着许多婚丧、祭祖等繁琐的礼节，受这些古老文化的影响，孔子从小就对这些礼节感兴趣，经常学着大人的样子参加一些礼节仪式。对于每一项礼节和祭物他都认真学习。由于他虚心请教，好学不倦，对周礼达到了精通的地步，渐渐有了名气，很多人来登门求教，于是孔子就办起私塾，教起学生来。

春秋时期，各国争战，人们渐渐不再重视周礼。孔子三十五岁那年，鲁昭公被掌权的季孙、孟孙、叔孙三家大夫轰走了，孔子就到齐国，向齐景公宣传自己的政治主张，齐景公很赏识他，但相国晏婴则认为孔子的这套主张不切实际，不可实施，孔子最终没有被任用。

孔子只好又回到鲁国，继续教书，直到鲁定公即位，孔子才被任用，先做中都宰，隔年升为司空，又调为司寇，并代理宰相，他利用手中的权力，通过“堕三都”，削弱了季孙等三家大夫的势力，取得了鲁定公的信任，鲁定公将齐景公约他去夹谷会盟的事告诉了孔子，并征询他的意见，孔子说应该有所防范，建议他把左右司马都带去。鲁定公接纳了孔子的建议，委派左右两司马率兵与他一起去会盟。在夹谷的会盟会上，孔子运用机智，使鲁国在外交上取得了胜利，会后又促使齐景公归还了以前从鲁国侵占的汉阳等三处土地。

孔子　名丘，字仲尼，春秋后期鲁国人。思想家、教育家，儒学学派的创始人，是当时社会上最博学者之一，被誉为“千古圣人”，并且被后世尊为至圣、万世师表。

齐国大夫黎决定让鲁定公疏远孔子，便利用鲁定公的好色，让齐景公选派了八十名美女，组成一班女乐，送给了鲁定公。鲁定公自从接受了这班女乐，便天天吃喝玩乐，不理朝政，渐渐疏远了孔子。学生们见鲁定公如此荒唐，便劝孔子辞了官，孔子觉得他在鲁国是无所作为了，便决定到别国去宣传推行他的以礼治国的政治主张，于是开始了周游列国的征途。

孔子一行首先到了卫国，却被当奸细看待，孔子只好离开。因走得仓促，一些学生失散了，结果被人们嘲讽为丧家之犬。后来他们又游历到陈蔡一带，楚昭王打发人请他，陈蔡的大夫们怕孔子到了楚国对他们不利，于是就联合发兵在半路上围困孔子一行人，孔子他们整整断粮两天没吃上饭，饿得伏在地上，直不起腰来，多亏楚国派兵来，才使孔子一行脱离了困境。

到了楚国，楚昭王听信谗言，使孔子没有受重用。孔子在外周游了十四年，由于当时整个社会正在发生变革，孔子那一套“仁政德治”的政治主张不被重视，在他七十岁时，彻底绝了在政治上建功立业的念头，回到了鲁国，继续他的教育事业。他乐于教人，又善于启发，因材施教培养了一批出色的人才，传说孔子有弟子三千，贤人七十二。他编纂删订了很多古代文化典籍，如《诗经》《易经》《尚书》《春秋》等。

公元前 479 年，孔子去世，享年七十三岁，他的弟子将他生平言行记录整理出来，编成《论语》等书，形成了儒家思想，对中国以及世界上许多国家都起到了积极作用。

三家分晋

战国时期有七个较强的国家，他们是齐、秦、燕、赵、魏、韩、楚。晋国在春秋中期还是一个强国，怎么到了战国时期它就消失了呢？原来这里面还有一段故事呢。

少虡剑　春秋后期，晋国兵器。长54厘米，宽5厘米，重0.88千克。出土于山西李峪村。

晋国国君到晋定公、晋出公的时候，晋国有六家有名的卿大夫，他们是智氏、范氏、中行氏、韩氏、赵氏、魏氏。史书上把这六家称为"六卿"。后来，这六家的势力越来越大，控制了晋国的军政大权。晋国国君到晋定公、晋出公的时候，实际上已成了这六家的傀儡。

公元前455年，晋出公在位的时候，智氏联合了赵氏、韩氏、魏氏，灭了范氏和中行氏，分了他们的土地和财产。从此，晋国就由六卿专政变为四家掌权了。这四家是智伯、赵襄子、韩康子、魏桓子。

晋出公见这四家的势力太大，自己又不甘心做傀儡，就秘密向别国借兵，想削弱他们的势力，不料消息泄露，智伯联合其他三家打败了晋出公，另立敬公为国君，并把敬公牢牢地控制住。实际上，智伯等于把整个晋国的大权抢在自己的手中了。但他还不满足，一心想废掉敬公，自己当国君。可他害怕另外三家不服，就想出了一个削弱三家力量的办法：他打着敬公的旗号，说为了增强晋国的防御力量，要四家各献出一百里土地，作为收取赋税扩大军事开支的费用。如果其他三家交出土地，智伯就可不费力地白得三百里的地盘，他的力量也就更强了，如果哪家拒绝交出土地，他就以国君的名义发兵讨伐，这也是名正言顺的。

于是，智伯派人到三家去要地。韩康子和魏桓子害怕智伯的权势，都按数献出了土地，唯独赵襄子拒绝交出土地。他对智伯派来的人说：“地是我祖宗传下来的，我不能随便把它送给别人。”回来的人向智伯转达了赵襄子的话，智伯听了，气急败坏，于是就传敬公的旨意，联合韩魏两家去攻打赵家，事先怕这两家不肯去，就许愿胜利以后，赵家的地方由三家平分。这样，三家的兵马就浩浩荡荡向赵家杀来。赵襄子见三家来势凶猛，不敢硬拼，就退守到晋阳（今山西省太原市）。晋阳这座城池经过赵家祖辈的苦心经营，修筑了坚实的城墙，储备了很多粮食。赵襄子到了那里，见城墙牢固，粮草充足，心里非常高兴。但他视察完守城的军队后，又发愁起来，原来近些年，赵家只顾发展生产，百姓倒是丰衣足食，仓库里存有不少粮食、干草，但军队的装备却越来越简陋，刀剑大都破旧了，弓箭也很少，赵襄子担心仅靠目前这些武器装备，抵挡不住智、韩、魏三家猛烈的进攻。于是，他连忙把大臣们找来商量对策。其中一个叫张孟谈的大臣对赵襄子说：“主公不要着急。我听说先主在修建这座城时有些柱子是用铜铸成的，宫墙里边砌满了芦柴和荆条，我们可以拆几根铜柱作箭头或戈矛，把

梁伯戈　春秋前期，通高 17.5 厘米，宽 9.4 厘米，重 0.28 千克。

墙内的芦柴和荆条拿出来作箭杆。”赵襄子一听，非常高兴，马上派人扒围墙、拆铜柱，然后连夜赶造戈矛弓箭等各种武器，加强防备，等着智伯他们来进攻。

智、韩、魏三家兵马一来，就把晋阳城围了个水泄不通，拼命攻打。赵家军队凭着武器精良，粮草充足，士卒勇敢，硬是坚持了三个多月。智伯见晋阳久攻不下，急得像热锅上的蚂蚁。一天，他带领随从登上城西北的龙山去察看地形，见一条晋水从山那边流来，又从晋阳城外滚滚不停地流去，他忽然想出一个破城的办法。于是连忙把韩魏两家找来商量。他说：“我想用晋水来淹掉晋阳城，只要筑一条大坝把河水拦住，再在城外高筑一个蓄水库，等到水蓄足了，放出水来就能把城淹没，你们看怎么样？”韩魏两家都说是个好主意。于是，三家的士兵按照智伯的命令立刻行动起来，大坝和蓄水库很快就筑好了，正好赶上雨季到来。智伯乘机下令：“掘开堤坝，水淹晋阳。”凶涌的洪水很快把晋阳城给围住了。城里也进了很多水，有许多房屋被水浸塌了，吃饭睡觉都很困难，士兵生病的很多，眼看守不住了。赵襄子非常忧愁，又同大臣们商量解救的办法。大臣张孟谈说：“我看，韩魏两家同智家也是面和心不和，我去找他们谈谈，争取他们来击退智家之兵。”在万般无奈的情况下，赵襄子同意让他去试试。

这天晚上，赵军用绳子把张孟谈送出城外。张孟谈装扮成智伯的士卒模样，趁天黑偷偷地溜进了韩魏的营寨。他对韩康子和魏桓子说："俗话说得好，唇亡齿寒，现在智伯领着你们两家兵马来攻打我们赵家，我们也许会灭亡，但赵家要是完蛋了，以后就轮到你们韩魏两家了。"韩魏两家本来就对智伯存有戒心，现在听张孟谈这么一说更觉得有道理，他们想，即使三家平分了赵家，势力大的还是智伯，加上智伯又野心勃勃，贪得无厌，将来自己很可能落得赵家相同的下场。但转念一想，智伯心狠手辣，我们和赵家联合的事万一被他知道，定不能饶过，所以又犹豫起来。

正在这个时候，发生了一件事，迫使他们下了决心。有一天，智伯约韩康子、魏桓子一起察看水势，智伯洋洋得意地说："水太厉害了，可以把一个国家灭亡呢！你们看，要不了多久晋阳城就变成汪洋大海了。"韩魏两人一听，心里吓得要命。原来韩魏的都城都有河流经过。他们知道智伯是个狠毒的家伙，以后他要这样打韩魏，他们也会遭此厄运。于是，这才下决心和赵家联合起来对付智伯。他们连忙派人悄悄与赵襄子取得了联系，约定一起动手灭智。

一天夜里，韩魏两家派人扒开了靠智家的堤坝，水一下子涌进了智家的营寨。智军大乱，韩魏赵三家趁机杀了进来。智伯从睡梦中惊醒，知道大势已去，慌忙逃出帐外，乘坐一个木筏逃跑了。他想逃到秦国去借兵复仇，谁知刚到河边，就被赵襄子埋伏下来的人抓获。赵襄子当众宣布智伯的罪状，把他处死了。

赵、韩、魏三家联合起来，消灭了智家，瓜分了智家的地盘，这在历史上叫做“三家分晋”。从此，晋国的大权就掌握在赵、魏、韩这三家手里。

后来，赵襄子、韩康子、魏桓子相继去世，他们的继承人是赵籍、韩虔、魏斯。这三家趁着晋幽公刚继位的时机，干脆把晋君的地盘也瓜分了。从此，晋国就名存实亡了。

赵、魏、韩三家虽然掌握了晋国的实权，但在名分上还是“卿”，而不算诸侯，要想当上诸侯，还必须得到周天子的任命。公元前430年，赵、魏、韩各派自己的代表去朝见周天子讨封。其实这时候，周天子早已是个空架子，根本管不了诸侯的事。“三晋”向周天子请封，不过是走个手续。当时的周天子是威烈王，面对既成事实，见三家来请封，就顺水推舟做个人情，封赵籍为赵侯，魏斯为魏侯，韩虔为韩侯。从此，赵、魏、韩正式成为三个独立的诸侯国。晋国这个名字也就消失了。

同时，其他各国的奴隶制度也在逐步瓦解，新兴地主阶级先后在各国夺取了政权。我国历史开始进入封建社会的新时期。

到了这个时候，“春秋”后期的十几个大国，经过激烈的战争和兼并，一些国家灭亡了，一些国家强大了，只剩下齐、楚、燕、赵、韩、魏、秦七个大国和几个小国。这七个大国被称为“战国七雄”。为了保存和扩展自己的势力，他们都想方设法去侵占别国的土地，削弱

【汉宫春晓】卷 局部［明］仇英 中国台北故宫博物院藏 23－2

【汉宫春晓】卷 局部 [明] 仇英 中国台北故宫博物院藏 23-2

别国的实力，相互之间勾心斗角，不断发生战争；战争规模也越来越大。由于这个时期战争连绵不断，所以后来历史书上称它为“战国”。

商鞅变法

齐威王当了霸主以后，各国纷纷前来朝贡，只有西方的秦国没有来。原来，秦国地处西面，又因各方面都比中原各国落后，因此常被其他诸侯国看不起，并不怎么来往。

周显王八年（前 361），秦孝公即位。他决心变革这种外受强邻欺压，内被贵族逼迫的状况，因此便下诏寻求能够使秦国富国强兵的人。不久，一个叫卫鞅的年轻人应征从魏国来到秦国。

卫鞅姓公孙，名鞅，原是卫国的一个没落贵族，他看卫国弱小，不足以施展他的才华，就在魏国当了好些时候的门客，也没得到重用。卫鞅正在郁郁不得志的时候，忽然听到秦孝公招聘人才，他决心到秦国来。

卫鞅到了秦国，托人介绍，见到了孝公，并把他的一套富国强兵的道理和办法给孝公讲了一遍，他说：“一个国家要富强起来，就必须重视农业生产，这样，老百姓有吃有穿，军队才有充足的粮草；要训练好军队，做到兵强马壮；还要赏罚分明，种地收成多的农民、英勇善战的将士，都要鼓励和奖赏，对那些不好好生产、打仗怕死的人，要加以惩罚。”

孝公听得津津有味，废寝忘食。几天之后，孝公决定依照卫鞅的建议实行改革。

这个消息一传开，贵族大臣们都一起反对。他们以祖宗之法改不得为由向卫鞅发起猛攻，说卫鞅提出的新法是“谬论”。卫鞅理直气壮地驳斥他们说：“自古以来就没有一成不变的法令，墨守成规、因循守旧只能使国家被历史淘汰，从而灭亡。”卫鞅举出大量从古到今的事实，说明变法的必要性，把那些大臣驳得哑口无言。孝公听说他把大臣都驳倒了，就任命卫鞅为左庶长，授予他推行新法令的大权，并且宣布：谁再反对变法，就治谁的罪。这样，那些大臣都不敢吭声了。

卫鞅怕新法令没有威信，就想了个办法。他叫人在都城的南门竖了一根三丈来长的木头，旁边贴了张告示说：“谁能把这根木头扛到北门去，赏他十金。”不多会儿，木头周围就围满了人。但是众人都不相信扛根木头就有这么重的奖赏，结果没一人去。卫鞅看没人扛，又把奖赏提高到五十金。这么一来，人们更疑惑了。这时只见一个粗壮汉子推开人群，走上前去，说：“我来试试。”扛起木头

就走。许多看热闹的人，好奇地跟着，一直跟到了北门。只见卫鞅夸奖那个大汉是个好百姓，并当众兑现了赏金。这事儿很快就传开了，大家都相信卫鞅是言而有信的人，对他下的命令一定要认真执行才是。

周显王十三年（前 356），卫鞅的新法令公布了。主要内容有：

第一，加强社会治安。实行连坐法，把老百姓组织起来，五家编为“一伍”，十家编为“一什”，互相担保，互相监视。一家犯罪，九家都要检举，否则十家一起判罪。检举坏人有赏，窝藏坏人处罚。外出必须携带凭证，没有证件各地不准留宿。

第二，奖励发展生产。粮食布帛生产贡献多的，可以免除一家劳役；懒惰和弃农经商的，全家充为官奴。一家有两个儿子以上，成人以后就要分家，各自交税，否则一人要交两份税。

第三，奖励军功。功劳大的封官爵就高，车辆、衣服、田地、住宅、奴婢的赏赐，也都以功劳大小而定；军事上没有功劳的，即便有钱也不能过豪华的生活，就是贵族也只能享受平民的待遇。

新法令的推行严重地触动了贵族宗室的地位与特权。为此，他们疯狂地攻击新的法令，在他们的唆使下，就连太子也出来反对。可是，太子是国家继承人，孝公很为难，但为了新法令的顺利推行，必须对太子的事进行处理，卫鞅建议将教唆太子的人给予惩罚。

于是，太子的老师公子虔就被割了鼻子，公孙贾被刺了面。大伙看到孝公和卫鞅这样坚决，都不敢反对新法令了。

几年以后，秦国变得强盛起来。老百姓都一心务农，积极种田织布，生产得到很大发展，人民的生活也有所改善；而将士们都英勇作战。孝公看卫鞅制订的新法令成效显著，就提升他为大良造，并且派他带兵去攻打魏国。此时的魏国早已不是魏文侯统治时期的强盛之国了，再加之秦国势力强大，只得向秦国求和。卫鞅胜利归来，接着，在国内又进一步推行新法令，主要内容有：把国都从雍城（今陕西凤翔）迁到东边的咸阳，以便于向中原发展；把全国分成三十一个县，由中央直接委派县令县丞去进行治理，不称职的县官要被治罪；废除“井田”制度，鼓励开荒，谁开归谁，允许自由买卖土地；统一度量衡等。这些都是发展生产的有力措施，对于巩固和发展新兴地主阶级的势力起了很大的作用。新法令实行了十年以后，秦国变成当时最富强的国家。周天王派人给孝公送来礼物，封他为“方伯”（一方诸侯的领袖），中原各国都纷纷前来祝贺，再也不敢小看这个曾被他们称为“西戎”的强大敌人。

为表示感谢，秦孝公把商、于一带的十五座城镇封给了卫鞅，从此以后，人们就把卫鞅称做商鞅了。

过了几年，秦孝公病死了，太子即位，是秦惠文王。惠文王以前反对商鞅的新法令，商鞅给他老师判了刑，因此一直怀恨在心。现在他当了国君，那些不满于商鞅的贵族硬说商鞅谋反，惠文王便借此将商鞅处死了。可是，商鞅推行的新法令已经在秦国扎下了根，再也无法改了。他的变法为后来秦国统一中原打下了坚实的基础。

孙膑智斗庞涓

孙膑，齐国人。他和庞涓都拜鬼谷子为师，两人很有交情，一起跟鬼谷子学习兵法。庞涓先离开鬼谷子到魏国担任大将军之职。不久就把孙膑推荐给魏王。后来他发现孙膑的才能胜过自己，就心生嫉妒，设计陷害他。孙膑被罚脸上刺字，双脚被砍掉，成了废人。庞涓想让他把兵法写出来，好让自己成名。当孙膑发觉真相后十分愤怒。佯装疯癫，不再为他写兵法。当时，齐国使节到魏国，暗中与孙膑接触。齐使节很同情孙膑，也很佩服他的才学，于是，偷偷地把孙膑藏在车中，带到齐国，并推荐给齐威王。齐威王听说孙膑的军事才能，想任命他为将军。孙膑拒不接受，托辞刑徒之人不宜担任此职。于是，威王任田忌为将军，孙膑为军师。

公元前 353 年，魏国进攻赵国，赵国向齐国求救。大将田忌准备直接发兵救赵国。孙膑劝他率领大军直指魏都大梁，魏军必然回师自救。然后齐军乘机袭击魏军。

孙膑（前 380—前 320），战国时兵家。齐国阿（今属山东）人。曾与庞涓同学兵法，后庞涓成魏国大将，妒忌他的才能，把他骗到魏国，处以膑刑（挖去膝盖骨），故称孙膑。后担任齐威王的军师，先后在桂陵和马陵大败魏军。

这样既救了赵国，又使魏国受到重大创伤。田忌觉得很有道理，采纳了孙膑的建议，亲率大军深入魏国国境，直逼大梁。前方，庞涓攻下了赵国的邯郸，正在得意之际，听说齐军正在逼近大梁急忙下令回师。当魏军行至桂陵时，被齐军攻击，魏军大败。

公元前 341 年，庞涓又率军攻打韩国，韩国向齐国求救。威王征求大家的意见看什么时候出兵合适。宰相邹忌反对出兵。田忌认为应该趁早出兵。孙膑分析了当时的形势，认为最好的办法是告诉韩国，齐国一定会出兵相救，用以坚定他们抵抗的决心。等到把魏国的兵力消耗得差不多时，齐国再出兵。那样就可以名利双收。威王表示赞同，于是密告韩国说齐国一定会出兵相救。韩国得到齐国的承诺，以为援军旦夕即到，奋力抵抗，然而五战五败，几乎不支。只好再次向齐国求救，并表示愿为齐国的附属国。

齐威王看到时机成熟，就任命田忌为大将，田婴、田盼为副将，孙膑为军师，统率大军，向魏国都大梁挺进。庞涓闻讯，带领军队回救。魏国倾全国兵力，准备与齐国决战。孙膑劝田忌示弱，来使敌军放松戒备，引他们上钩所设的巧计。《孙子兵法》记载了以一百里的速度急行军，会损失上将，以五十里的速度急行军，士兵会死散逃亡，到达目的地，最多能剩一半。庞涓一定会中计。田忌于是下令：大军进入魏国后，第一天，建十万个炉灶，第二天建五万个炉灶，第三天建二万个炉灶。庞涓得到这一消息后，亲率精锐骑兵，日夜兼程追击齐军。孙膑估计，按照庞涓的速度，当在某天的黄昏到达马陵。马陵是一个险道，路面狭窄，上有绝壁，下有深谷，最容易隐藏。孙膑命人削去一棵树的树皮，在树干上面写“庞涓死于此树下”。一万余名弓箭手在两边埋伏，并下令：“见有火光，集中射击。”果然，在一天黄昏时分，庞涓亲率的先头部队来到了马陵道。庞涓下马四处查看，见一棵树干雪白，上面似乎有字，便命人举火，前去观看。这时，两侧万箭齐发，魏军惊恐万状，四处逃散。庞涓见大势已去，拔剑自刎，死前仍对孙膑不服气。

完璧归赵

公元前283年，赵国的国君惠文王得到了一块玉璧，叫“和氏璧”。相传它是楚国人卞和在山上费了好几年的工夫才开采到的，是个无价之宝。秦昭王听说后，非常羡慕，就想办法要把它弄到手。

一天，秦昭王派了使者，带上书信，去见赵惠文王，赵王一看信，见上面写着，秦国愿意拿十五座城池来换那块“和氏璧”。这可让赵王不知如何是好，给玉璧吧，怕秦王不守信用，得了玉璧不给城；不给吧，又怕惹恼秦王，领兵来攻打赵国。他就和大臣们商议此事。后来有个人推荐他的门客蔺相如去秦国处理此事。惠文王派人把蔺相如叫来一谈，也觉得他是个合适的人选，就决定派他带着和氏璧去秦国。临行前，蔺相如对惠文王说：“请大王放心，如果十五座城给了赵国，我就把玉璧留给秦国，如果不给城，我一定把玉璧完整无损地带回赵国。”

到了秦国，蔺相如把玉璧献给秦王，秦王接过一看，只见洁白无瑕，晶莹透明，果真是个无价之宝，顿时高兴得合不上嘴，他翻来覆去欣赏了好半天，又传给身边的大臣和后宫的美女看，他们个个赞不绝口，纷纷向秦王表示祝贺。蔺相如站在旁边等了好一会，也不见秦王提换城一事，知道秦王要诓骗玉璧。但这时，玉璧已给了他们，又不能硬抢回来，急中生智，蔺相如客气地对秦王说：“这‘和氏璧’虽是天下至宝，可惜上面还有一点小斑瑕，大王可能还没看见，让我指给大王看。”秦王信以为真，把玉璧拿给蔺相如。蔺相如把“和氏璧”拿在手中，连连倒退几步，靠在殿柱旁，冷冷地说：“‘和氏璧’又回到赵国之手了！”秦王一惊，忙问：“此话怎讲？”蔺相如义正辞严地说：“这‘和氏璧’是人人皆知的宝贝。当初大王派人送信去说要以十五座城池换这块玉璧。人们都说秦国自恃强大，不会守信用，许多大臣劝我们主公不要答应。当时我说，平民百姓都讲信义，何况是秦国这样的大国家呢。我家大王才让我把玉璧送来。可是今天我看大王坐而受璧，又把玉璧随便给人传看，根本没有换城之意，所以我把玉璧收回，大王若是逼我的话，我宁愿把头连同这块玉璧一起撞碎在这殿柱上！”说完，就要往柱子上撞。秦王连忙陪着笑脸劝阻，又让人拿来地图说明把哪些城池割给赵国。蔺相如知道秦王这是想先稳住他，再把玉璧骗去，就对秦王说：“这玉璧是稀世珍宝，我们赵王在送璧之前，斋戒了五天，又举行隆重的送璧仪式，大王要是真心换璧，也应斋戒五天，举行相应的受璧换城仪式，我才敢把玉璧献上。”秦昭王见蔺相如态度坚决，知道硬夺不行，就答应了。

完璧归赵

蔺相如回到宾馆，心想：“秦王是绝不会用十五座城池来换璧的，今天只不过是暂时推挡一下，璧虽然没有落到秦王手中，可再过五天怎么办呢？”他想来想去，终于想出一个办法，叫一名随从化装成穷人的样子，玉璧包好缠在腰间，抄小路偷偷赶回赵国。

五天以后，秦王邀请了楚、燕、齐、魏等国的使者来参加受璧仪式，想借此来显示一下自己的威风。安排完毕，宣赵国使者上殿。蔺相如按照使节的仪式行过礼，秦王见他手中空空如也，就问他玉璧在哪里，为什么不带玉璧来。蔺相如不慌不忙地说：“贵国从穆公以来，前后有二十多位君主，没有一个讲信用的，如今我也怕受到欺骗，就派人把‘和氏璧’送回赵国了。”秦王一听，火冒三丈，让人把蔺相如绑起来问罪。蔺相如从容地说：“大王请息怒，让我把话当着大家说明白：大家都知道，秦国强，赵国弱，天下只有强国欺负弱国的事，从没有弱国欺负强国的道理。大王如真想要璧，这并不难，先把十五座城池交给赵国，然后派一使者跟我去赵国取璧，赵国绝不敢得了城池不给玉璧，去背个不守信用的名声。我知道这次愚弄了大王，罪该万死，请治我的罪吧，让各国都知道大王为了想得到一块玉璧而杀了赵国的使者，天下的人也可以知道是非曲直了。”一席话说得秦王目瞪口呆，他想就是杀了蔺相如也得不到璧，还落个坏名声，就下令把蔺相如放了。结果，秦国舍不得十五座城给赵国，赵国也没有把“和氏璧”给秦国。

可是秦王对赵国不满，一直想出这口气。过了一段时间，秦王又派人给赵惠文王送去一封信，约他到西河外渑池（今河南省渑池县）会面。赵王害怕，不敢去。蔺相如对赵王说：“如果不去，秦国会看不起赵国，以后就更要欺负赵国。”大将廉颇也表示赞同，说如果秦人有诈，就辅助太子，誓死抗秦。于是赵惠文王决定让蔺相如随驾赴会，廉颇辅助太子，留在本国，并选出精兵强将随同前往。

约会的日期到了，两国君王以礼相见，在一起喝酒聊天，酒过三巡，秦王笑嘻嘻地说："听说赵王通晓音乐，我这有个宝瑟，请您弹奏一曲，助助酒兴。"赵王羞愧难当，但又不好推辞，就勉强弹了一个曲子。秦王听完让秦国史官记下来。史官写好后，高声宣读："某年某月某日，秦王与赵王会于渑池，秦王命赵王鼓瑟。"蔺相如见秦王如此无理，存心侮辱赵国，就顺手拿起一个瓦盆，从容地走到秦王面前说："我家大王听说秦王善于演奏秦国的乐器，就请大王击瓦盆，让大家共同快乐！"秦王不肯。蔺相如手持瓦盆，厉声说道："大王您仗着秦国强大，想要威风吗？今天是两国平等相会，如果大王不击瓦盆，五步之内，我就可以把血溅到大王身上！"秦王左右的人一听，就要上前动手。蔺相如瞪大双眼，怒声喝斥，吓得秦王侍者倒退几步。秦王见蔺相如如此厉害，就软下来，说道："先生何必如此，大家欢乐，就击一下有何不可！"他勉强敲了一下瓦盆。蔺相如吩咐赵国史官把这件事记下："某年某月某日，赵王与秦王会于渑池，赵王令秦王敲瓦盆。"记完，也高声读了一遍。秦王一个大臣想挽回局面，就站起来说："今日盛会，请赵王割十五座城池给秦王祝寿！"蔺相如也起来大声还击："礼尚往来，请秦王割让都城咸阳给赵王祝寿！”

秦王知道，有蔺相如在，谈判桌上是占不到便宜的，又得到密报说赵国早已在边界上派了大军严阵以待，就不敢轻举妄动。又想到赵国竟然有蔺相如、廉颇这样的文武大臣，一时也不易对付，就同赵国签订了条约，条约上写着：从今日起，两国友好，互不侵犯。

荆轲刺秦王

公元前 230 年，秦王派兵灭了韩国。第二年又攻破赵国防线，占领了赵都邯郸，赵王投降秦国。过了不久，秦王又派兵去攻打燕国，燕太子丹为了挽救燕国的危亡，就访求刺客，想法去刺杀秦王。

燕太子丹在秦国做人质的时候，受尽了屈辱。后来他化装逃回燕国，就决心报仇雪恨。于是他就把自己的财产拿出来到处搜罗勇士，物色能刺杀秦王的人。

秦王有个大将叫樊于期，因得罪了秦王，就逃到燕国来投奔燕太子丹。许多人劝太子把樊交还给秦国，太子丹不肯，说不能干这种不仁不义的事。

太子丹听说有个叫田光的人是个很有见识的人，就派人去把田光请到宫里来，恭恭敬敬地向他请教。田光见太子态度很诚恳，就对他说道：“人们只记得壮年时的田光，却不知我现在已经老了，不中用了。”太子问：

“先生交游中，一定认识一些有才能的人。”田光想了一下，说：“我有个朋友叫荆轲，是个智勇双全的人。”太子喜出望外，恳求田光把荆轲请来，田光答应了。

不久，荆轲与太子丹见了面。太子丹见荆轲气宇轩昂，举止不凡，对他十分敬重。一套礼节过后，太子说：“秦国和虎狼一样，贪得无厌，得寸进尺，不把各国吞并是不会歇手的。如今韩国、赵国都被灭亡了，接下来就轮到我们燕国了。这情况怎不令人着急？”荆轲问：“燕国准备倾全国的兵力和秦决一死战呢，还是另有打算？”太子丹说：“燕国太弱小了，和秦国硬拼是不行。我想派一名勇士，假称出使秦国，以重利诱惑秦王，然后接近他，乘机劫持他，叫他把侵占各国的土地退还，如果不答应，就杀死他。不知先生是否愿意担此重任？”荆轲沉思了好一会儿，说道：“这是国家重任，我恐怕担当不起。”太子丹跪下给荆轲磕头，一再请求他想办法完成这个使命。荆轲推辞不过，就答应了下来。

过了好久，荆轲还没有动身的意思，这时秦军已开始进犯燕国边境。太子丹非常着急，就催促荆轲赶紧动身。荆轲说：“我正在准备，要想接近秦王，必须要有充足的理由取得他的信任。一个办法就是把燕国最富饶的地方督亢（今河北省涿县东）一带献给他，光这些还不够，秦王正是悬赏捉拿樊于期，如果能献上樊于期的头，秦王一定会很高兴地接见。”

太子丹一听，直摇头，说：“督亢地图好办，樊将军为报秦仇才到我这里来，我绝对不忍心加害于他。请先生另想主意吧！”

荆轲见太子丹这样说，就背地里去见樊于期。见面后，荆轲向樊于期说起谋刺秦王的计划，并说了自己的想法。樊于期说：“只要杀了秦王，帮我报了仇，帮燕太子报了仇，我死了也值得！”说完，拔剑自刎了。

荆轲让人报告了太子丹，太子丹听说后坐车赶来，趴在樊于期的尸体上大哭一场，然后叫人厚葬了尸身，把头装在一个木盒里，交给荆轲。

一切都准备好了，荆轲还没有动身。太子丹又催他。荆轲说：“我有个好朋友，有胆有识，可做我的帮手。我已派人去请他了。”太子丹担心夜长梦多，就说：“我手下有位勇士，叫秦舞阳，就让他当你的助手吧。”荆轲见太子这样心急就同意了。

荆轲和秦舞阳动身那天，太子丹和荆轲的好朋友都来送行。人们送到易水岸边，荆轲的朋友高渐离击着乐器，声音悲壮，荆轲和着节拍，高声唱道：

风萧萧兮易水寒，壮士一去兮不复还！

送行的人都失声痛哭起来。荆轲把太子丹斟的酒一饮而尽，然后和秦舞阳登车而去，连头也没回一下。

荆轲来到咸阳，说明是代表燕王来献地求和的，为表示诚意，又带来了樊于期的首级。秦王听说燕王杀了樊于期，很高兴，就安排了隆重的场面，通知各国使节来参加献图仪式。

进见前，荆轲将用毒药浸好的匕首卷在地图里，自己捧着盛樊于期首级的木盒，让秦舞阳捧着盛地图的盒子，两个人一前一后走进了秦宫。上大殿台阶时，秦舞阳见宫殿里威严肃穆，脸吓得煞白，引起了秦国侍臣的怀疑。荆轲回头看了看，笑着说："他是从小地方来的人，没见过这样大的场面，所以有些不自然。"秦王有些警惕，传旨："只许正使一人上殿。"荆轲只好独自走上前去。秦王验看了樊于期的头，果然不错，又要荆轲把地图献上来。荆轲赶紧走下殿来，从秦舞阳手中接过地图盒，捧到秦王面前。秦王打开地图的卷首，从头慢慢观看，看到最后，一把闪闪发亮的匕首露了出来。荆轲右手抢到匕首，左手扯着秦王的衣袖，正要向秦王提条件，秦王猛地站起，将衣袖扯断，拔腿就逃，荆轲拿着匕首追了上去。秦王看无处可逃，就围着大殿铜柱子躲避。秦国有个规定，大臣不许带武器上殿，殿下的卫士没有国君的命令也不许到殿上来，所以这些大臣都是手无寸铁，有几个上来与荆轲徒手搏斗，都被荆轲打翻在地。这时有人提醒秦王："大王，背上有剑。"秦王在慌乱中忘了身背宝剑，经这人一说，于是抽出剑来就砍荆轲，一剑砍断了荆轲的一条腿，荆轲

易水壮别

倒在地上，忍着剧痛，把匕首向秦王使劲地掷去。正在这时，宫中医生扔过来一个装药的口袋正打中荆轲掷匕首的胳膊，匕首刺歪了，飞到后面的铜柱子上，直迸火星。秦王又上来刺荆轲，荆轲身受重伤，靠着柱子笑骂秦王："你今天能活着，算你命大！我要不是想劫持你交出侵占各国的土地，一开始就杀死你的话，你有八个也早死了！"秦王也不说话，又连连砍了几剑，把荆轲砍死。阶下的秦舞阳也被武士们杀死了。秦王大怒，当即下令，发兵伐燕，很快就占了燕国的大半国土。燕王喜和太子丹逃到辽东。秦王非要活捉太子丹不可。燕王喜被逼无奈，只好杀了太子丹向秦国请罪求和。

在以后的五年中，秦国先后亡了魏、楚、燕、赵。秦国"远交近攻"的策略取得了成功，秦国统一六国的愿望实现了，至此，七雄纷争的战国全部归并到秦国。中原诸侯从东周开始，经过五百多年的争夺，最后统一了。

秦始皇统一中国

秦王嬴政灭了六国，统一中原以后，发布了一道命令说："韩、赵、魏、楚、燕、齐六国的国王都不守信用，他们今天跟秦国订盟约，明天就背叛盟约，因此我才去讨伐他们。依靠祖宗保佑，我现在已经讨平了他们，天下安定了。我的名号如果不改变，依旧称王，显得和六国的国王没有多大区别，所以请大臣们议论一下，我现在应当用什么样的称号才好。”

丞相王绾、御史大夫冯劫、廷尉李斯等提议说：“古时候的五帝只掌握一千里左右的地方，现在陛下已经消灭六国、统一天下，这是五帝不能与陛下相比的。我们听说古时候有天皇、地皇、泰皇，数泰皇最尊贵。所以我们认为陛下称泰皇最恰当。”嬴政听了以后，稍略思考说：“你们说得很好！我看泰皇的‘泰’字可以不要，取他的‘皇’字和五帝的‘帝’字，两个字合起来，称做皇帝，这样才能显示我的丰功伟绩。我是第一代皇帝，就叫始皇帝，以后我的子子孙孙以世来计数，二世、三世、四世，一直传至千世万世。”从此，中国历史上就有了皇帝这个名称。

统一以后，天下应当如何治理？丞相王绾对秦始皇说：“六国诸侯刚刚被灭不久，原先的燕国、齐国、楚国离咱们的京城都很远，如果不在那里分封王侯，恐怕那些地方很难控制得住，您不如把几个皇子分封到那些地方去做王，协助陛下统治天下。”

廷尉李斯反对王绾分封的建议，他说：“当年周武王得到天下以后，曾经大封子弟功臣为诸侯，后来诸侯之间关系越来越疏远，互相混战，像仇敌一样，周天子也无力加以禁止。如今陛下统一了天下，可以在全国设置郡县。子弟功臣多多赏赐些赋税钱财，不要分封诸侯，这样您就容易控制他们啦！”

秦始皇决定采纳李斯的意见，他说：“以往天下苦战不休，都是因为分封诸侯王的缘故。现在天下安定了，再分封诸侯王，又将会种下战争的祸根。我认为廷尉的建议是对的。”

于是秦始皇把天下划分为三十六郡，郡以下设县。每个郡都由中央政府直接任命三个官长去治理，即郡守、郡尉和郡监。郡守是一郡最高的行政长官，统管一郡的重大事务。郡尉是管理治安的，全郡的军队由他统领。郡监执行监察方面的事情。

地方上的治理办法确定了，中央政府的组织机构也逐渐定型。秦始皇规定中央朝廷里设置丞相、御史大夫、太尉、廷尉、治粟内史等几个重要的官职，协助皇帝治理国家。丞相设两个：左丞相和右丞相，都是皇帝的助手，帮助皇帝处理全国的政务；御史大夫负责掌管重要的文书和监察；太尉主要掌管军队；廷尉掌管司法；治粟内史掌管租税收入和国家的财政开支。所有这些官员都归皇帝任免和调动，

秦始皇 （前259—前210），首位完成中国统一的秦王朝的开国皇帝。后人称之为“千古一帝”。姓嬴，名政。出生于赵国，所以又叫赵政。

从国库里领取薪俸，一概不得世袭。

随后秦始皇又下令，把原来六国的兵器全都收缴到京城咸阳来。当时的兵器大多数是用铜制成的，他叫人把这些兵器都回炉熔化，铸成了十二个大铜人和许多铜钟。大铜人的名称叫翁仲，按当时的尺寸、斤两，铜人高五丈，脚有六尺长，每个重二十四万斤，把它们树立在咸阳宫殿前面的两侧，象征着秦始皇灭亡六国统一中原的伟大功绩。

战国时期，商业已经相当发达，货币的使用已经很普遍。但是各国货币的形状、大小、轻重都不相同，齐国的货币样子像刀，赵国的货币样子像铲；货币计算的单位也不一致。秦始皇规定：以后一律使用圆形方孔、每个重半两的铜钱，各国的旧货币全都作废，不许再在市面上流通。

原先六国的度量衡也是不统一的，尺寸、升斗、斤两等，长的长，短的短；大的大，小的小；轻的轻，重的重。在一个国家买一尺布，到另一个国家也许只能算八寸。在这个国家买一斗米，到那个国家就成了九升。这个国家里一斤重的东西，在那个国家里就成了十四两。度量衡这样乱，和一个统一国家的政权当然不相适应，对人们的生活也太不方便了。秦始皇下令规定了统一的度量衡，全国的尺寸、升斗、斤两都得一致，不许乱来。

原先六国的车辆和道路也各不相同，车辆有大有小，道路有宽有窄。在统一的局面下，这样也显得太不方便了。于是秦始皇又下令，一要“车同轨”，二要修驰道。“车同轨”就是规定车轴上两个轮子间的距离，一律都定为六尺。修驰道就是修筑从京城咸阳到全国各个重要地方的大路。大路路面一律宽五十步（每步六尺），路的两旁每隔三丈种上一棵青松。修了这样的驰道，全国的交通就方便得多了。

战国时期的文字也是不统一的。同一个字的写法不尽相同，形状各异，笔画有多有少。这种情况对政策法令的推行和文化的传播，都是一大障碍。所以秦始皇又下了“书同文”的命令。“书同文”就是统一文字的意思，政府规定了一种叫做小篆的字体，作为全国统一使用的标准文字。后来又根据民间流行的字体，整理成一种比小篆更便于书写的字体，叫做隶书。隶书跟现在的楷书已经很接近了。

秦始皇统一中国以后所实行的废分封设郡县，统一货币、度量衡、文字等等，都是有利于加强全国统一、有利于社会经济文化进一步发展的。这是秦始皇的巨大功绩。

破 釜 沉 舟

陈胜、吴广在大泽乡起义的时候，在吴中（今江苏省苏州市）的项梁、项羽起而响应。项梁的父亲，也就是项羽的祖父，是楚国名将项燕。项羽从小死了父亲，是在叔叔项梁的照顾下长大的。他小小年纪便立志为国家报仇雪耻，叔父教他书法，他不用功；让他去学习剑术，他也不肯努力。项梁很生气就骂他没有出息。但项羽却说：“念书写字，顶多记记姓名罢了；剑术学好了也只能和几个人对打，我要学那种一人敌万人的本领。”项梁听项羽这么一说，认为侄子胸有大志，就教项羽学习兵法。项梁本人很善于结交朋友，碰到人家有什么大事，他都赶去帮忙，当地的百姓都很喜欢他，他也就成了吴中豪杰的领袖，连地方官也要敬他几分。

项羽 名籍，字羽，下相（今江苏宿迁）人。中国古代著名农民起义领袖。公元前 207 年杀秦降王子婴，自立为“西楚霸王”。后与刘邦展开了长达四年的“楚汉之争”。公元前 202 年，被困垓下，自刎而死。

秦始皇最后一次巡游时，经过吴中，许多人前来观看。站在两旁的百姓，一见这威风凛凛、豪华壮丽的皇帝车驾奔驰而来，都呆呆地站着，大气也不敢喘。只有站在人群里比别人高出一头的项羽，瞪着一双有神的大眼，脱口说道：“这有什么了不起，谁都可以取代他！”项梁吓得赶快捂住项羽的嘴，悄悄地警告道：“你在这儿胡说八道，让别人告发了可是要灭九族的呀。”

回到家里，项羽埋怨叔父说：“平日您总是让我练习武艺，学习兵法，让我念念不忘家国之恨，今天您怎么这样胆小怕事呢？”项梁说：“我们是要干一番大事业，但不能心急气躁。要想报仇，就必须学会等待时机。”

就在这一年，秦始皇在回咸阳的路上病死了。第二年，二世继位，陈胜、吴广在大泽乡起义。消息传来以后，项梁和项羽万分高兴和激奋，他们感到为楚国报仇的时机已经到来了，就杀掉了当地的郡守，召集起八千子弟兵，起兵反秦。

过了不久，有消息传来，陈胜被秦将章邯打败，项梁赶快率领江东八千子弟兵，渡过长江，向西面前线挺进。一些零散的反秦队伍，如陈婴、英布、吕臣等率领的武装，都纷纷投奔到项梁的队伍中来，使这支部队一下子增长到六七万人。

但是这时陈王已经被叛徒庄贾杀死，张楚政权已经四分五裂。在这个紧要关头，项梁在薛县（今山东省滕县南）召开各路起义军首领会议，商量要公推一个起义军的首领。这时候，有个叫范增的七十多岁的老头子赶来献计，他对项梁说：“秦灭六国，楚最不幸。楚怀王被骗到秦国，死在秦国，楚国人至今怀念着他。您从江东起兵，有很多人前来投奔您，这是因为您家世世代代是楚国的大将，人们希望您恢复楚国。您如果拥立楚怀王的后代为王，就一定能够号召更多的老百姓。”

项梁觉得范增的话很有道理，就派人四处寻访楚怀王的后代。没过多久，大家找到一个楚怀王的孙子熊心，这时他才十三岁，正替人家当放羊娃。于是项梁带领大家把熊心立为楚王，为了顺应楚人怀念故国的心情，仍称他做“楚怀王”。这个消息传开以后，果然又有很多人赶来参加项梁的队伍。

项梁把楚怀王安置在盱眙（今山东省盱眙县东北），自己带兵继续西进。他在东阿（今山东省阳谷县东北）打败章邯，又在濮阳（今河南省滑县东北）东面大破秦军，接着又攻下了定陶（今山东省荷泽市南）。这时候，原先齐、赵、燕、魏等国的旧贵族，也都在自己的土地上立了王，恢复了自己国家的名称，秦朝的天下眼看就要结束了。项梁命令项羽和不久前来投奔他的刘邦带兵急速西进。项羽和刘邦杀死了秦朝的大将李由。章邯见形势危急，赶快请秦朝政府派援军，乘着项梁得胜后骄傲自满，没有防备的机会，偷袭定陶，杀死了项梁。项梁一死，起义军的队伍受到很大损失，项羽、刘邦、吕臣等只好撤退到彭城(今江苏省徐州市)一带,采取守势。

再说秦将章邯击破了项梁率领的楚军主力之后，认为楚军元气大伤，用不着担心了，于是把项羽他们撇开不管，带领大军北渡黄河，攻打当时自称赵王的赵歇。赵王和他的谋臣张耳、陈馀没有防备秦军的进攻，一战就败，只好退到巨鹿（今河北省平乡县）固守。章邯派大将王离和涉间把巨鹿城围困得如铁桶一般，秦军在城外布成了铁墙般的防线,章邯自己则率领主力运输粮草,供应王离的围城大军。

赵军被围困得顶不住了，赶紧派人四处求救，燕齐两国援赵大军早就赶到了，但一见秦军势力强大，谁也不肯充当那碰石头的鸡蛋，都缩头缩脑地远离秦军驻扎。

再说楚怀王接到赵王求援的书信，赶紧准备援军，派宋义为上将军，叫他带着次将项羽、末将范增北上救赵。

宋义率领大军由彭城出发，将士们休整了几个月，现在听说要去和秦军的主力拼杀，一个个摩拳擦掌，斗志很旺。但是宋义却是一个胆小怕事、自私自利的小人，他用甜言蜜语取得怀王的信任，骗取了兵权，但他根本就不想到城下和秦军拼命。当他走到安阳（今山东省曹县东）的时候，便号令全军原地休息，这一住就是四十多天，他自己每天在大帐中饮酒作乐，从不提出兵援赵的事。

项羽实在忍耐不住，便来见宋义：“救兵如救火，现在赵王危险，我们应该立即率兵渡过黄河，与赵王来个里应外合，就一定能够大败秦军！”宋义斜着眼看了

项羽一下，慢吞吞地说：“你哪里懂得兵法的妙用！我们的目标是消灭秦军，我的主意是先让秦赵拼个你死我活，我们可以坐收渔翁之利。在战场上冲锋打仗，我比不上你，要说出谋划策，你可就比我差远了。”项羽遭到

一场抢白，强压着火儿没发作，怒哼哼地走出了军帐。

项羽本是个火爆脾气，怎么会咽下这口气？一天早晨，他全副武装，大步跨进宋义军帐，再次要求立即出兵救赵。宋义大发脾气，喊：“我的军令已下，难道你要以头试令吗？”项羽大吼一声：“我要借头发令！”宋义本是个草包，顿时吓得软成一团，项羽一剑斩下他的脑袋。将士们听说杀了宋义，都立刻表示愿意服从项羽的指挥，并拥立项羽代理上将军一职。

一朝权在手，便把令来行。项羽担任了援赵大军的主帅，下令士兵每人带足三天的口粮，然后又下令砸碎全部行军做饭的锅。将士们都愣了，项羽说：“没有锅，我们可以轻装前去，立即挽救危在旦夕的赵国！至于吃饭嘛，让我们到章邯军营中取锅做饭吧！”大军渡过了漳河，项羽又命令士兵把渡船全部砸沉，同时烧掉所有的行军帐篷。战士们一看退路没了，这场仗如果打不赢，就谁也活不成了。

项羽指挥楚军很快包围了王离的军队，同秦军展开了九次激烈的战斗，渡河的楚军无不以一当十，以十当百，个个如下山猛虎，奋勇拼杀。沙场之上，烟尘楚军终于以少胜多，把秦军打得大败，杀死了秦将苏角，俘虏了王离，涉间被打得走投无路，放火自焚而死，章邯在走投无路的情况下，就率领剩下的秦军投降了项羽。从此项羽就做了上将军，诸侯的军队都归他统率。

鸿 门 宴

项羽在巨鹿大战中打败章邯，接受章邯投降以后，听说刘邦已经进了咸阳，这可把他气炸了。他觉得自己功劳比刘邦大，本领比刘邦强，本应该先进咸阳，当关中王。他赶快率领大队人马直奔函谷关，很快就打到了新丰、鸿门，离刘邦所在的霸上只有四十里路了。

当时项羽的军队拥有四十万人，刘邦只有十万人，项羽想要消灭刘邦是很容易的事。项羽的军师，被项羽尊称为“亚父”的范增建议说：“刘邦在东边家乡的时候又贪财，又喜欢美女，如今进关以后，财物和美女都不要了，我看他的野心不小，恐怕想要跟大王争夺天下，您不如趁早下手除了他，否则后患无穷。”项羽正在考虑，还没有做出决定，刘邦手下的左司马曹无伤偷偷派人来给项羽送信说：“刘邦想要在关中做王，他准备拜秦王子婴做相国，把秦朝宫里的一切珍宝都占为己有。”项羽听了这个消息，火冒三丈，他决定第二天一早派兵去攻打霸上，消灭刘邦。

项羽的决定，惊动了他的另一个叔父项伯。项伯和刘邦手下的张良是好朋友，他生怕明天打起仗来会伤害张良，就连夜赶到刘邦军营里去通知张良，叫张良赶快逃走。张良说：“我是特地送沛公进关来的，现在他有危险，我只顾自己逃走，太不讲义气，我得去向他告别一下。”

张良把项伯的话一五一十地报告了刘邦。刘邦一听着了慌，连声说：“这怎么办？这怎么办？”张良问刘邦说：“大王估计一下，咱们的军队能挡得住项王的进攻吗？”刘邦沉默了一下，愁眉苦脸地说：“我看挡不住啊！这怎么好呢？”张良说：“那您可以请项伯帮帮忙，叫他在项王面前求情，辩白自己没有反对项羽的意思。”刘邦叫张良赶快请项伯进来，摆上酒席，热情招待。刘邦低声下气地对项伯说：“我自从进霸上以来，什么东西都不敢动一下，只是登记了官民的户籍，查封了秦朝的仓库，日日夜夜盼望项王到来。我派些军队把守关口，也只是为了防止盗贼，决没有抵御项王的意思。请您务必在项王面前替我美言几句，请项王不要听信谣言。”为了结交项伯，刘邦还当场把自己的女儿许配给项伯的儿子，两人结成儿女亲家。项伯答应了刘邦的请托，并嘱咐刘邦第二天清早到项羽大营里去谢罪，然后连夜赶回了鸿门。

张良　字子房，汉初三杰之一。汉初城父（今安徽亳州市东南）人。秦末农民战争中，率部投奔刘邦，为其重要谋士。汉朝建立，封留侯。

第二天一清早，刘邦带着张良、樊哙和一百来随从赶到鸿门，当面向项羽谢罪。刘邦十分诚恳地对项羽说：

“当初我和将军一起攻打秦国，您在河北作战，我在河南作战。我自己也没有料想到能够先打进关中，攻破咸阳，今天又在这里和将军见了面，真是令人高兴。听说有人在将军面前挑拨将军和我的关系。希望将军不要听信这些谣言。”

项羽是个直性人，他看刘邦这样谦虚，心头的怒火很快就烟消云散了。他老老实实地说：“这都是你那里的曹无伤派人来说的，要不，我怎么会生你的气呢！”项羽叫人摆上酒席，宴请刘邦，表示和好。宴会上，项羽和项伯坐在主位，亚父范增在旁边作陪；刘邦坐在客位，张良在旁边作陪。项羽举杯劝刘邦喝酒，态度越来越和气。

亚父范增一再地给项羽使眼色，并且三次举起身上佩带的玉玦作暗示，请项羽赶快下决心杀掉刘邦。项羽默不作声，既不表示同意，也不表示反对。范增急了，借个机会出去，把项羽的堂兄弟项庄找来，吩咐他说：“项王的心不够狠，始终下不了杀刘邦的决心。你以敬酒作为借口，进去舞剑助兴，趁机杀了刘邦。否则，你们这些人都会落在刘邦手里。”项庄真的进去给刘邦敬酒，敬完酒以后说：“今天项王请沛公喝酒，我给大家舞一会儿剑，也算助助兴吧！”说完就舞起剑来。他那把寒光闪闪的宝剑，越舞越近，直逼刘邦，吓得刘邦身上直冒冷汗。

项伯看到项庄不怀好意，生怕他的亲家刘邦吃亏，他也拔出宝剑说："一个人舞剑没有意思，两个人对舞才热闹。"说完，占了刘邦面前的那块地盘，舞起剑来。项庄的剑逼向刘邦的时候，项伯就用自己的身体掩护刘邦，使项庄下不了手。

张良看到形势非常危急，找个机会溜出去，对樊哙说："宴会上形势不妙，项庄拔剑起舞，看样子想对沛公下毒手。"樊哙听了跳起来说："那还了得，我去！"说完，他带着宝剑和盾牌，撞倒了几个拦阻他的卫兵，气呼呼地冲了进去。

项羽看到冷不丁的冲进来一个人，赶快一手按剑，十分紧张地问："你是干什么的？"张良赶快上前一步，替樊哙回答说："他是沛公的车夫樊哙，大概在外面等久了，肚子饿了。"项羽用眼光打量了一下樊哙，见他长得虎头虎脑的，便用赞叹的口气说："好一个壮士！赏他一斗酒，一只肘子。"底下的人就给了樊哙一斗酒，一只生肘子。樊哙站着一口气喝完了酒，然后把盾牌往地上一放，把肘子放在盾牌上，蹲下身子，用宝剑割着生肘子吃。项羽觉得这人率性，问他说："你还能喝酒吗？"樊哙粗声粗气地说："我死都不怕，还怕喝酒！想当年秦王凶暴得像虎狼一样，杀人唯恐杀不完，处罚人唯恐不够重，所以逼得

樊哙 （?—前189），沛县（今江苏省沛县）人。西汉开国功臣，大将军，封舞阳侯、谥武侯，以勇著称。

天下的人都起来造反。楚怀王跟诸将约定：谁先打败秦军，进入咸阳，谁就做王。如今沛公先打进了咸阳，他可什么东西也没有拿，只是封了宫室库房，驻兵霸上，等待大王到来。像他这样劳苦功高的人，大王不但没有给他什么封赏，反倒听信小人的挑拨，想要杀他。这不是学秦王的样子吗？我认为大王真不应当这样做。”

项羽对樊哙的这一顿责备，不知道怎么回答才好，他只是说：“请坐，请坐。”樊哙一屁股坐在张良旁边，一只手紧紧地按着宝剑。项伯看到形势已缓和，就回到了自己的座位上。项庄看到没法再下手，只好收起宝剑，站在项羽身边。

刘邦这才镇定了下来，他假装要上厕所，赶紧出去了。张良和樊哙也跟了出去。刘邦想要溜回霸上，又怕没有告辞，失了礼数。樊哙说：“干大事业的人，不必拘泥于这种小节，如今他们的刀尖对着咱们，还跟他们讲什么礼数。”说着，推着车子来，催刘邦马上走。刘邦只得把张良留了下来，叫他去向项羽表示谢意。张良问：“大王带来了什么礼物没有？”刘邦说：“我带来白璧一双，是献给项王的；玉杯两只，是送给亚父的。刚才项王发脾气，我没有敢献上去，你就代我送去吧！”刘邦又怕项羽派兵来，决定把车子留在鸿门，他自己骑上一匹马，樊哙、夏侯婴、靳疆、纪信四个人，拿着宝剑和盾牌，跟随他步行抄小路从骊山脚下赶回霸上。因为这条小路只有二十里，比走大路要近一半。刘邦还再三叮嘱张良，估计等他们回到霸上的时候，才进去向项羽告辞。

刘邦等人一溜小跑回到霸上，进入军营后的第一件事，就是把曹无伤抓来杀了。

张良在外边等了好一阵子，估计刘邦他们已经到达霸上军营，就进去对项羽说："沛公的酒量小，已经喝醉了，不能亲自来向大王辞行。他临行交给我白璧一双，吩咐我敬献给大王；玉杯两只，是送给亚父的。"项羽说："沛公现在何处？"张良说："沛公听说大王有意要找他的差错，不敢在此久留，已经早走一步，估计现在已经回到霸上军营了。"项羽听说刘邦已经走了，就收下白璧，放在案上。范增气鼓鼓地接过玉杯，扔在地上，用宝剑把它劈了，然后长长地叹一口气说："唉！项王太幼稚，真不值得替他出主意。将来与项王争夺天下的，必定是刘邦，我们都等着做俘虏吧！"

楚 汉 之 争

公元前 207 年十一月，项羽率军四十万打进关中，杀死了已经投降的秦王子婴，又放火烧了阿房宫。接着，项羽以胜者自居，自称西楚霸王，并以霸主的身份大封诸侯王。其中刘邦被封为汉王，居汉中、巴蜀之地（今陕西南部及四川一带）。刘邦对项羽自恃强大，违背"先入者为王”的先前之约，甚为不满，但他自知力量不如项羽，只好暂时委曲求全。为了控制刘邦，项羽又特意三分关中，封了三个秦的降将即章邯、司马欣、董翳为王，史称“关中三王”。项羽则东归，定都彭城。但由于项羽分封不公，引起诸侯和功臣的不满。分封不久，握有重兵而未得封王的田荣首先在齐地（今山东临淄地区）起兵，自立为齐王。项羽率兵攻打田荣，刘邦见有机可乘，便乘东方战事再起，项羽忙于平定东方诸侯国叛乱无暇西顾之机，率兵消灭了关中三王，出其不意地重新夺取关中，后又挥兵东下，一举攻下彭城。从此，与项羽展开了长达四年之久的“楚汉战争”。

彭城失守后，项羽立即回师相救，项羽军队士气正盛，而项羽又是盖世英雄，浩浩荡荡的大军疯狂逼来，刘邦此时却疏于防范，被胜利冲昏了头脑。结果，刘邦被项羽打得丢盔弃甲，仓皇出逃。项羽俘虏了他的父亲和妻子。刘邦逃到荥阳、成皋一带后，又重整队伍，韩信也带兵前来支援，刘邦渐渐恢复元气。由于东进西击，项羽的力量也渐渐削弱。于是，项羽、刘邦逐渐形成了相持不下的局面。

在四年的楚汉战争中，项羽一直处于优势地位，但由于项羽为人刚愎自用，军纪涣散，处处扰民，所以不得民心。而刘邦则不然，他知人善用，军纪严明，又善于联合各地反项羽力量，以孤立项羽。逐渐地，项羽和刘邦的优劣势地位逐渐发生了转换。眼见刘邦日渐强盛，

【汉宫春晓】卷 局部 ［明］仇英　中国台北故宫博物院藏　　23－3

【汉宫春晓】卷 局部 [明] 仇英 中国台北故宫博物院藏 23-3

而自己则因为长期征战，人困马乏，实力渐弱，项羽只好暂时和刘邦讲和，放回其父亲与妻子，约定鸿沟为界，分而治之，互不侵犯。刘邦深知项羽已到了兵疲食尽的地步了，如果划界分而治之，不趁机消灭他，必定养虎自患。公元前203年十二月，刘邦在项羽放回父亲和妻子后，立即撕毁协议，会同各路诸侯对项羽发动了进攻。项羽疏于防范，仓促应战，节节败退，一直退到垓下（今安徽固镇）。一日夜里，项羽在其爱妾虞姬的陪伴下正在军帐中借酒消愁，忽听汉军在四面唱起了楚地民歌，以为汉军已把楚地全部占领了，惊恐不已。于是，项羽挥泪告别虞姬，自领八百名壮士突围。天亮时，刘邦发现项羽已逃，连忙派兵追杀。当项羽跑到乌江（今安徽和县东北）时，被汉军追上。两军短兵相接，展开肉搏战。项羽仅剩下的二十八个人也被汉军杀死。穷途末路的项羽奋力拼杀了一阵，面对如此惨状，这位曾经以一夫挡百万之勇的一代枭雄，自感无颜再见江东父老，遂拔剑自刎。历经四年的楚汉之争，最终以农民出身的刘邦的胜利而宣告结束。

公元前202年二月，刘邦即皇帝位，建立西汉王朝，刘邦就是汉高祖。

张骞通西域

汉武帝初年，匈奴人多次南下入侵汉朝。而匈奴与月氏的仇恨极深。汉武帝决定联合月氏攻打匈奴，在全国招募人才，准备出使月氏，一时之间报名的人很多。

汉武帝高兴极了，经过严格的挑选，他选出一百人。其中有一个叫甘父的人特别擅长射箭，甘父本是匈奴一个姓堂邑的贵族的奴隶，所以人们也叫他堂邑父。

张骞是这一百人中最优秀的，被汉武帝任命为月氏国的使者，于公元前 138 年，带着一百多人从长安出发了。

不久，他们就进了匈奴人的活动范围。但是却被匈奴人发现了，单于并不知道他们是去联合月氏国攻打自己，只把他们扣押了，当作人质。

张骞不甘心失败，一直想逃走。有一天，他和甘父等几个人商量好，趁匈奴放松警惕的时候，偷了几匹骆驼和骏马，向西逃去。大沙漠一望无边，没有食物和水，张骞等人又渴又饿，一连走了十几天，累得都走不动了。终于到了一个有水、有草的地方，而且有很多鸟儿和野兽，这时候，甘父使出看家本领，箭无虚发，射中很多鸟兽，大伙就生吃了。

翻过葱岭，他们来到了大宛国，这儿的风景很好，与汉朝可大不一样。这儿的人也都是高鼻梁、蓝眼睛、大胡子，而且非常热情。大宛国王对汉朝十分仰慕，拿出好酒好肉招待了他们，并亲自把张骞等人送到去月氏国必经的康居国境内。张骞等人到了康居后，康居王也很热情，又派人把他们送到月氏。再说月氏人，自从被匈奴打败后，向西逃到葱岭以西，联合大夏国建立了一个国家，叫做大月氏国。这些年来，他们无忧无虑，种地放羊，生活很富裕，时间长了，就把报仇的事给忘了。张骞见到月氏国王后，就表明自己的来意，劝他和汉朝联合对付匈奴。可是，月氏人老是借口路太远了，力量不够来岔开话题，张骞感到很失望。

过了一年多，张骞看到还是不能达到目的，就决定回长安。路上又被匈奴人抓住了，不过这次匈奴人内部发生了叛乱，单于死了，这给了张骞和甘父一个好机会，他俩又逃了出来，终于回到了长安。

这次出使，张骞可是吃了不少苦，也老了许多，并且一百多人也只剩下他和甘父两个人了。十三年前的使团终于回来了，汉武帝非常高兴，尽管张骞这次没能完成任务，武帝还是重赏了他们。

张骞向武帝说了西行的遭遇，并把西方许多国家的风土人情告诉了汉武帝。汉武帝大开了眼界，原来西边还有这么大！他想：“如果再派使者去，使他们都服从汉朝，那我不又多了几万里土地吗？”

于是，汉武帝又派张骞出使西域，这次从四川出发。

不过，由于道路不通，和当地的少数民族语言又不通，因而没能达到目的。接着，汉武帝又派张骞协助霍去病征讨匈奴，由于耽误作战时间，张骞被免官。

汉朝军队不断打败匈奴，去西域的道路已经没有障碍了。汉武帝又起用了张骞，张骞建议汉朝联合乌孙国（今新疆伊犁河流域），共同打击匈奴。于是，张骞带着三百多人的使团到了乌孙，路上由于没有匈奴的干扰，很是顺利。张骞还派自己的副使到大宛、康居、大夏等国。

乌孙国王见汉使厚礼诚意而来，便也派了使者出使长安，看到汉朝兵强马壮，遂决定与汉朝和好。

不久，西域其他国家也派了使者，并且像乌孙一样，和汉朝发展了友好的关系。

因为张骞功劳很大，汉武帝封他为博望侯。从此以后，汉朝和西亚、欧洲的经济、文化交流有了极大地发展。以前，中原并没有葡萄、胡萝卜、核桃、石榴等东西，这些都是从西域传过来的，而我们的丝绸、瓷器、铁器和一些生产经验也传到了西域。从此，汉族人民和西域人民之间的来往越来越密切，关系也越来越融洽。而这条汉朝通往西亚的商业贸易道路就是赫赫有名的“丝绸之路”。

苏武牧羊

公元前119年，汉武帝派大将军卫青和骠骑将军霍去病远征匈奴，至此匈奴元气大伤，再也没有胆量和力量侵扰汉朝边境了。过了几年，匈奴派使者到汉朝来访问，为了表示友好，汉朝也派使者回访匈奴。可是，匈奴单于并非真心实意和汉朝通好，经常扣留汉朝派去的使者。汉朝为了报复，也扣留匈奴派来的使者，但这并非长远之计。

公元前100年，汉武帝下诏，准备再次派兵讨伐匈奴。正在这个时候，匈奴又派来了使者，说刚刚即位的鞮侯单于愿意和汉朝和好。作为和好的表示，匈奴把以前扣留的汉朝使者全部释放。汉武帝觉得这个新即位的单于还懂道理，就决定罢兵，愿重新修好。为表诚意，他决定派中郎将苏武为正使，副中郎将张胜为副使，带着助手常惠和一百多名士兵，护送以前扣留下来的匈奴使者，同时带了好多金银绸缎等礼物，赠送给匈奴的单于。

苏武，字子卿，是已经去世的平陵侯苏建的第二个儿子，他和哥哥、弟弟都是汉朝的官员。苏武这个人办事认真，而且对皇帝很忠诚，所以汉武帝就把这次出使匈奴的任务托付给了他，让他拿着旌节和匈奴修好。“旌节”是表示使者身份的，它是一根七八尺长的长杆，顶部挂着一串毛绒球，很威严。

到了匈奴，苏武把那些被扣留的匈奴使者交给单于，然后送上礼物和汉武帝的书信。由于汉武帝在信中的语气很和气，匈奴单于便以为汉朝天子是讨好他呢！又看到汉朝送来那么多的礼物，心里更加得意，不免骄横起来，就说了些狂妄的话，对苏武他们也很怠慢。苏武心里很生气，但表面上还是一团和气。尽量压着火气耐着性子，准备完成任务后及早返回汉朝。

眼看着任务就要完成了，一件很不愉快的事情发生了。

苏武 （前140—前60），字子卿，杜陵（今陕西西安）人。汉武帝时奉命出使匈奴，被借故扣留。数次拒绝匈奴的劝降，后被发配北海牧羊长达19年之久，直到公元前81年，苏武才回到长安。

原来，早在苏武出使匈奴之前，有一个叫卫律的汉朝使者投降了匈奴。匈奴单于正需要人帮他出主意，就封卫律为丁灵王。卫律见单于这么器重他，也就死心塌地地跟着单于。于是他把汉朝很多的秘密告诉了单于，卫律有个手下叫虞常，也被扣留在匈奴。这个人有些骨气，他表面上投降了匈奴，实际上是一直在等待时机，想把叛徒卫律清理掉，然后回汉朝。虞常听说汉朝又派来了使者，而且里面有他的老朋友张胜，于是他就偷偷地和张胜商量说：“我决定除掉卫律这个叛徒。我的母亲和弟弟都在汉朝，倘若我有什么不幸，希望能够得到皇上的照顾。”张胜非常赞成虞常的计划，答应说：“您如果真的这么做，我一定会告诉皇上，重赏您的母亲和弟弟！”当下他拿出好多钱财资助虞常。可是，由于虞常办事不够仔细，计划泄露而被抓。

事情变化得这么快，张胜有些慌了。他怕事情闹大，赶紧去找苏武。苏武听了吃了一惊，说：“看来我难逃此劫了。可我乃堂堂汉朝使者，如果因为这事受到人家的审讯，就等于侮辱了汉朝，给皇上丢脸，给自己丢脸，还不如趁早自杀。”说着，拔出刀就往自己的脖子上抹。张胜和常惠赶紧上前把刀子夺下来。

卫律用各种严酷的刑罚拷打虞常，把虞常折磨得死去活来。重刑之下虞常把张胜供了出来。单于听说汉朝使者参与了这件事，勃然大怒，命令卫律去把苏武召来受审。苏武叹口气，对常惠他们说：“丧失了使臣的气节，使国家受到了侮辱，我即使活着，又有什么脸面回到汉朝呢？”拔出佩刀向自己脖子上抹去。卫律大吃一惊，急忙去夺刀子，可是苏武已经受了重伤，晕了过去。众人抢救了半天，苏武才慢慢地苏醒过来。

单于很佩服苏武的骨气和视死如归的精神。他想：“如果苏武这样的忠臣能为我效力，那有多好！”于是他早晚派人去问候苏武，想软化苏武，让他投降。

苏武的伤势渐渐好了。一天，单于命令卫律提审虞常和张胜，叫苏武去旁听，打算迫令苏武投降。审讯的地方挂满了刑具，阴森森的很吓人，卫律把虞常提上来，宣布他的死罪，当场杀死。然后回头对张胜说："你身为汉朝的副使，竟敢参与谋杀匈奴的大臣，也应当把你杀了！不过单于有容人之量，你要是肯投降，可以免你一死！"张胜害怕了，两腿一软，跪在地上请求投降。卫律冷笑几声，扭头看看苏武，冷冷地说："副使犯了罪，你应当跟他连坐。"苏武正色回答道："我既不是他们的同谋，又不是他们的亲属，凭什么叫我连坐？"卫律被苏武顶得说不出话，气急败坏地举起宝剑向苏武砍来。苏武不但不躲，反而迎了上去。卫律吓得赶紧抽回宝剑。硬的不行，只好来软的。卫律干笑了两声说："苏先生，我劝你还是投降吧！如果你投降，单于保证你此生享尽荣华！否则，身死匈奴空有一片忠心又有什么用呢？"最后还说要和苏武结为兄弟。苏武再也听不下去了，站起来指着卫律的鼻子大骂。卫律被骂得狗血淋头，只好灰溜溜地走了。

单于见苏武这样坚定，更加希望苏武投降。他把苏武关在一个大地窖里，想用饥饿来迫使苏武投降。匈奴地处北方，冬天气候十分寒冷。但是，苏武丝毫也没有动摇，渴了，就抓一把雪塞进嘴里；饿了，就扯一把毡毛大嚼。这样一连过了几天，苏武居然没有死。单于实在无法劝降苏武，又不忍心杀掉这个硬汉子，就下令把他送到北海边上（今俄罗斯西伯利亚贝加尔湖）去牧羊。

这边人烟稀少，就是鸟兽也很少，苏武只好靠野菜充饥，靠羊取暖。过了些日子，单于又派人来劝苏武投降，苏武毫不动摇。一年年过去了，苏武在北海边上竟然待了十九年。

苏武牧羊

汉朝听说匈奴扣留了苏武，就派李广利、李陵等将军多次攻打匈奴，但一直没有结果。汉武帝死后，汉昭帝即位，匈奴发生了分裂，又想和汉朝议和。汉朝要求匈奴把苏武他们放回来，匈奴欺骗说苏武早就病死了。后来，汉朝使臣又来到匈奴，苏武的副手常惠听说了这件事，就在夜里偷偷地去见汉朝使臣，把苏武的情况详细地报告了汉朝使臣，并且给他出了一个主意，让单于放回苏武。

第二天，汉朝使臣去见单于，要他把苏武放回汉朝。单于又想故伎重施。汉朝使臣就按照常惠教给他的一套说："单于你怎么能老是骗人呢！你如果一点信义也不讲，怎么能和我们汉朝通好呢？前不久，我们大汉天子在上林苑里打猎，射下一只大雁，那雁脚上系着一条绸子，上面有苏武亲笔写的字，说他在北海边上给你们牧羊呢？你怎么说苏武几年前就死了呢？"单于听了，真的以为苏武的气节感动了上天，连大雁都给他传书呢！他只好放他回国。

公元前 81 年的春天，苏武、常惠等九个人回到了久别的汉朝。长安人民听说苏武回来了，都出来迎接他。他们看到白发苍苍的苏武手里还执着那根光秃秃的旌节，都被感动得流泪了。汉昭帝亲自接见了苏武，勉励了他一番，然后准备了牛羊等祭品，叫他到先帝陵庙去祭祀汉武帝的灵位，把那根光秃秃的旌节交还到汉武帝灵前。

苏武出使匈奴时，还是个四十岁左右的中年汉子，十九年后他从匈奴回来时，头发胡子全白了。他那种坚强不屈、忠贞不二的精神感动了很多人，不论是做官的，还是普通老百姓，一提起苏武的名字，人们都称赞不已。

昭君出塞

汉武帝时，由于有卫青、霍去病等将领，所以匈奴被打得再也不敢大规模地侵犯了。汉朝政府为了彻底消除匈奴的威胁，又加强了边防的戍守。

汉宣帝五凤元年（前 57 年），匈奴有个叫呼韩邪的单于，逐渐强大起来，打败了其他几个单于。可是，他的哥哥也不甘示弱，乘机自立为郅支单于，和弟弟又打了起来。呼韩邪没有准备，损失很重。于是，带兵来朝见汉宣帝。

汉宣帝很高兴，送给他很好的服饰、一颗金子做成的大印、一辆头等的马车，此外，还赏赐他很多的金银财宝、绫罗绸锻。

呼韩邪单于穿戴打扮好，坐着新马车，跟着汉朝使者来到了长安。汉宣帝用高于诸侯王的礼仪亲自出城迎接他，文臣武将，各地诸侯王以及黎民百姓都来欢迎他。当汉宣帝和呼韩邪单于登上渭桥，众人一齐高呼“万岁”。呼韩邪从来没有见到过这么大的场面，简直都惊呆了。汉宣帝还为呼韩邪单于专门举办了宴会，他们两个互相敬酒祝福，关系非常融洽。

一个月后，呼韩邪单于恋恋不舍地回去了。汉宣帝派出一万六千名骑兵护送他，并给匈奴送去许多粮食。郅支单于看汉朝皇帝对呼韩邪这么好，如果汉朝一旦帮助呼韩邪，那他就不是呼韩邪的对手了。于是，他表示愿意同汉朝和好，主动地向西搬迁。

到了汉元帝竟宁元年（前 33），呼韩邪单于又要求到长安来。原来这次，呼韩邪想和汉朝结亲，想使两国关系越来越友好。元帝心想：这很好呀！这次和亲可是双方都有好处的事呀。于是，就答应了呼韩邪单于的请求，他命令手下随从：“你们到宫中去挑选一个又美丽又能干的宫女，如果她愿意嫁给匈奴单于，我就把她像公主一样来看待！”

宫中有许多宫女，大都是被强选入宫的。整年整月见不着自己的亲人，有的连皇帝也见不着，都想早点从皇宫中出去。现在，虽然能够出去，但却要背井离乡，远嫁匈奴，她们又不愿意了。

这时候，有一个名叫王嫱的宫女站了出来，说她愿意嫁给匈奴单于。王嫱又叫王昭君，是湖北秭归人（今湖北西部），她能歌善舞，才貌双全，刚被选入皇宫不久，还没见到汉元帝。她想，和匈奴单于成亲，这可不只是她一个人的事，自己生活好不好是小事，汉朝和匈奴的友好才是大事。

汉元帝命人教王昭君说匈奴话，给她讲匈奴的风俗习惯，还教她学习琵琶，王昭君学得非常认真，琵琶弹得连鸟儿听了都不舍得飞走。

到了成婚的那一天，呼韩邪单于像汉人新郎官一样，亲自来迎娶新娘。他轻轻地揭下王昭君的红盖头，不禁看呆了：真是太美了！而且汉元帝给的那份嫁妆也令人吃惊：金银无数，单是丝绸就有一万八千匹！呼韩邪高兴得连嘴都合不拢了。汉元帝也很高兴，他想：这点东西算得了什么！只要匈奴不再侵略，那就行了。

王昭君要和呼韩邪回匈奴了，元帝和文武大臣来为他们送行。长安城内的老百姓也都向王昭君高喊："一路平安！"王昭君激动得哭了，她看到每一个人，都觉得像是自己的亲人，是啊，她以后就不会再回来了，也再见不到亲人了！但是，一想到国家安定、人民幸福，一种自豪感就涌上心头。她抱起了琵琶，弹出了一首动听的曲子。这首曲子表达了她既高兴又忧伤的心情。后人把它称作《昭君怨》。由于有人又尊称王昭君为汉明妃，所以《昭君怨》又被叫作《明妃曲》，一直流传到今天。

王昭君　姓王名嫱，与西施、貂蝉、杨玉环并称为中国古代四大美女。公元前33年出塞下嫁匈奴呼韩邪单于。

王昭君来到匈奴以后，把先进的知识和生产技术传给了当地的人民。她帮助呼韩邪单于改变匈奴族以前单一的游牧生活，不再整日骑在马背上，到处游荡，而开始定居。她还帮助匈奴人发展农业生产，学会使用中原先进的农具，使匈奴人的粮食有了保障，生活也稳定下来。王昭君还建议呼韩邪改革匈奴人的一些落后的风俗习惯，学习汉族的文化。在王昭君的大力帮助下，呼韩邪单于使匈奴族又繁荣起来，人口增多，牛羊也到处可见。

呼韩邪单于非常喜欢王昭君，两人也没有因为习惯不同而产生矛盾，夫妻俩相亲相爱。第二年，王昭君生了一个儿子，呼韩邪高兴极了，整天抱着儿子，给他取名叫伊屠智牙师，长大以后被封为匈奴的右日逐王。

匈奴有一个老风俗，新的单于要娶老单于的王妃为妻。就这样，当呼韩邪死后，王昭君又嫁给了新单于复株累若鞮，她又生了两个女儿，分别叫作须卜居次、

昭君出塞

当于居次。

在匈奴时间长了，虽然过得很好，王昭君还是很想念故土，她多想回到家乡，再见一见自己的父母兄弟呀！可是，作为匈奴单于的王妃，出塞以后，是不能再回去的了。王昭君经常梦到自己回到了家乡，和家乡人们一起唱歌、生活。

王昭君是个很爱国的女子。她经常派人送信回来，询问中原的情况，还送特产给汉朝皇帝。当然，汉朝皇帝也不时地送一些贵重物品给匈奴单于。六十多年了，双方一直是这样友好地往来，和平地生活，再也没有打过仗，王昭君可算功不可没！

王昭君在临死前，她告诉自己的儿子和女儿一定要和汉朝友好，要他们在她死后，把她埋在归化（今内蒙古自治区呼和浩特市）郊外，坟墓一定要朝向南方，好让她永远望着自己的家乡。

她去世后，被埋在一块水土很好的朝阳山坡上，她的墓被叫作“昭君墓”。本来，那个地方靠近沙漠，很少有青草。可是昭君墓却始终长满了青草，所以，昭君墓又叫作“青冢”。

黄巾起义

东汉时，宦官专权，外戚夺政现象极为严重，人民生活日益窘迫，社会处于动荡不安之中。从汉和帝刘肇当朝起，全国各地水灾、旱灾和蝗灾不断。人民到处流亡，难民随处可见，可谓饿殍遍野，尸陈千里。农民被逼得走投无路，只能打出造反的旗号，聚众起义。东汉政府对各地的农民起义进行了残酷镇压，可是农民反抗斗争的烈火是扑不灭的。当时民间曾流行着这样一首歌谣：

发如韭，剪复生；头如鸡，割复鸣。

吏不必可畏，小民从来不可轻。

如此富有反抗精神的歌谣，强烈地表现了他们对统治阶级的藐视，和对自身力量的正视，饱含着呼唤人们起来斗争的激情。从汉安帝刘祜在位的时候起，小规模的农民起义已时有发生。到汉灵帝刘宏在位的时候，终于爆发了一次波澜壮阔的农民大起义——黄巾大起义。

黄巾大起义是张角领导的。张角是巨鹿（今河北省平乡县西南）人，太平道的首领。太平道是道教的一派，他们信奉中黄太一之神，以《太平清领书》作为他们的经典，宣传“黄天太平”思想，认为只有到了太平的时代，人们才能不愁吃穿，过无忧无虑的日子。张角本人懂点医道，常常借着免费给农民治病的机会向人们宣扬太平道。穷苦农民为了摆脱眼前困苦的生活，把张角看成是自己的救星，都纷纷信奉太平道，张角的信徒越来越多。在山东、河北、河南、湖北、湖南、江西、安徽、江苏等八个州太平道的信徒很快就发展到几十万人。

张角把八个州的信徒组织成为三十六方，大方一万多人，小方六七千人，每一方都指派一名道领去领导，叫做渠帅。三十六个渠帅听张角统一指挥。张角还制定了“苍天已死，黄天当立，岁在甲子，天下大吉”的十六字起义口号。“苍天”是指东汉，“黄天”指起义军要创造的天下，甲子是年号，即汉灵帝中平元年（184）。他们预定在这一年的三月五日，八个州同时发动起义。张角还叫人在首都洛阳地方州郡官府的门上，用白粉写上“甲子”二字，标明这些官府衙门到时候都将改变主人，借以鼓舞人心。

张角手下最得力的弟子是大方渠帅之一的马元义。他经常到首都洛阳负责传达张角的命令。张角叫他先把荆州、扬州两地的信徒几万人调到邺城（今河南安阳北）集中，作为起义军的主力，以便配合洛阳附近各州郡的起义军进攻。在起义之日的前一个月，济南的起义军中出了一个名叫唐周的叛徒，他向朝廷告了密，起义的消息泄露了。东汉政府捉拿了

马元义，并在洛阳将他斩首示众，在洛阳受牵连被害的有一千多人，起义者的鲜血染红了洛阳街头。东汉政府还下令搜捕张角，一时之间，风声鹤唳，洛阳城中，形势一触即发。张角得知消息以后，连夜派人通知各地的信徒立即发动起义。

叛徒的告密虽然打乱了起义的日程，使得起义军牺牲了一个重要领袖和一千多名战士，但是却不能扑灭起义的烈火。三十六方一接到张角的命令，立即同时发动起义。起义军用黄巾裹头，作为“黄天”的标志，因此被称为黄巾军。张角自已称为天公将军，他的两个弟弟张宝和张梁称为地公将军和人公将军。他们三个人共同指挥起义军的战斗。起义军每打到一个地方，就捣毁衙门，斩杀贪官酷吏，打击地主豪强，一场声势浩大的农民起义在各地纷纷展开。十几天功夫，东汉朝廷统治陷入一片动荡之中。

东汉朝廷惊慌失措，派重兵守住洛阳和附近的关口，命皇甫嵩为左中郎将，朱儁为右中郎将，率领四万多名精兵来镇压黄巾起义军。颍川的起义军首领波才打败了皇甫嵩，把他围困在长社（今河南长葛东）。官军看到黄巾军作战勇敢，声势浩大，都十分害怕。但老奸巨猾的皇甫嵩，却看出了黄巾军缺乏作战经验的弱点。知道黄巾军结草为营，一定害怕火攻。在一个刮风的夜晚，皇甫嵩命令官军偷袭黄巾军，放火焚烧波才的军营。波才梦中惊醒，赶快整顿队伍，奋勇抵抗，可是已经迟了。黄甫嵩、朱儁和骑兵都尉曹操率领官军，包围了他们，砍杀了成千上万的黄巾军战士。汝南、陈留两地的黄巾军闻讯赶来援救，也被打败。波才没有办法，只好退往阳翟。

北方由张角兄弟亲自率领的黄巾军，打败了东汉官军的北中郎将卢植和工中郎将董卓。汉灵帝命令皇甫嵩从河南北上，夹击黄巾军。张角派张梁迎战皇甫嵩，两军在广宗（今河北省威县东）地方大战。张梁率领黄巾军奋勇冲杀，打得皇甫嵩紧关营门不敢应战。就在战局十分紧张的时候，张角突然得病死了。张梁因为料理哥哥的后事，放松了警惕。皇甫嵩乘机向黄巾军反扑，攻破了黄巾军的大营。张梁率领部下奋勇抵抗，他和三万多名黄巾军壮烈牺牲。皇甫嵩居然劈开张角的棺材，砍下他的脑袋，送到京城里去请功。接着，皇甫嵩又去进攻张宝率领的黄巾军。张宝势孤力单，在曲阳（今河北晋县）战死。

黄巾军的主力虽然被东汉政府镇压下去了，但是各地的黄巾军仍然在继续战斗，沉重地打击了东汉朝廷的统治。在黄巾军影响下的各地农民起义军，也纷纷起来斗争。直到汉灵帝的儿子献帝刘协执政的时候，农民起义的浪潮还没有平息下去。

官渡之战

汉献帝建安五年(200)二月，袁绍任命沮授为监军，统领十万大军，从邺城（今河南安阳北）出发，进攻许昌。袁绍则亲率十余万冀州精兵到黄河北岸的黎阳（今河南浚东北），建立自己的指挥部。他派大将郭图和颜良进攻和黎阳隔岸相对的白马（今河南滑骨县东）。袁绍企图引诱曹操离开官渡（今河南中牟县东北），然后一举消灭曹军。沮授向袁绍建议：颜将军虽然勇猛，但骄傲自大，缺少智谋，不适合单独统兵作战。可袁绍固执己见，下令迅速渡河，打下白马。

留守白马的刘延听说袁军来进攻，急忙派人向曹操报告。而此刻，在许昌正展开一场是否抗袁的大辩论。名士孔融被袁绍的表面强大所迷惑，他认为："袁绍辖地广阔，拥兵数十万，文有田丰、许攸这样的谋士出谋，武有颜良、文丑这样的勇将打仗，还有审配、逢纪这样的忠臣效劳。与袁绍对抗，很难取胜。"许多人听了，都情绪低落，只有一个人挺身而出与孔融抗争，此人就是曹操的主要谋士荀攸。他说："袁军虽兵多，但法不严。而且田丰刚愎自用，无法与袁绍长期合作；许攸贪心太重，不能顾全大局；审配专断，缺乏谋略；逢纪心胸狭小，又骄傲自大。这些谋士到一起怎么能相容呢？

孔融　东汉文学家，鲁国（今山东曲阜）人。少时成名（孔融让梨讲的就是他的故事），建安七子之首，建安十三年（208）被曹操所杀。

至于颜良、文丑这类武将，皆有勇无谋，擒拿他们，对曹公来说，乃小事一桩。”

荀攸这一番话，驳倒了孔融，也激励了将士，增强了胜利的信心。曹操根据大家的建议，决定不和袁绍硬打硬拼，而采取声东击西，避实就虚的打法。曹操亲率大军西进延津（今河南延津北），以诱惑袁军主力西移，从而麻痹在白马的颜良。果不出曹操所料，袁绍立即命令黎阳的守军赶在曹军渡河之前到达延津渡口，准备同曹军决战。曹军见袁绍中计，就悄悄率领轻骑，急奔白马。而此刻围攻白马的颜良正一心想困死白马城内的军民，他做梦也没想到曹军会在一夜之间赶回东边，同自己决战，所以毫无迎战准备。在仓促应战中，颜良被一匹火红快马上的将军劈下马。袁军失去主将，顿时乱了阵脚，刘延也从城里杀出，同曹操的兵马两面夹击，一举击溃了颜良、郭图的队伍。而那位斩颜良的将军，正是要报答曹操厚恩的关羽。

恼羞成怒的袁绍立即下令：全军渡河，西追曹操。沮授急忙劝阻袁绍：“将军，目前大军应该屯在河北岸，只派一路军队攻打河南岸的官渡。如果攻打下了官渡，我们就有了立足之地，然后大军方可过河。否则贸然渡河，万一有了意外，就可能全军覆灭！”袁绍根本就听不进劝阻，决意渡河。

袁军渡过黄河，抵达延津后，袁绍派颜良的好朋友文丑追击曹操。为了立功和替颜良报仇，他快马追击。一路上，到处都是曹军丢下的车辆物资，山坡上有许多无主的战马，袁军毫不怀疑这是曹军仓促逃命时丢弃的。于是文丑的部下便争先恐后地跳下马，一窝蜂地去抢夺战利品。其实，他们中了曹操的计谋。曹操一见文丑的队伍乱了阵，便一声令下，曹兵就从四面八方围冲过来，见了袁军就杀，文丑也同颜良一样，还没明白是哪儿来的神兵天将，脑袋就被劈了下来。袁军全部溃散了。

在白马、延津与曹操的两次交战中，袁军连连失利，但从总的力量来看，袁军仍占优势。袁绍坚决主张渡河同曹操的主力决战，因为他自恃兵多，不顾沮授的再三劝阻，亲率大军渡过黄河，进驻阳武；又涉过蒗荡渠，直逼官渡。官渡离许昌不到二百里，是南北交通的咽喉。如果失掉官渡，那么许昌就失去了屏障。因此曹操尽全力固守官渡，与袁绍相持不下。日子久了，袁绍感到军粮供应困难，就想尽早结束僵持局面。他命令士兵沿曹营阵地堆起土山，筑起望楼，让弓箭手居高临下，寻找机会向曹营射箭，曹军死伤不少。不过，曹军很快就有了对策，他们制造了可以抛发石块的发石车，俗称“霹雳车”。只要扳遥车上的机关，就可以把大石块远远抛出。袁军的望楼被打得倒塌歪斜，士兵也头破血流。袁绍又想起了挖地道灭公孙瓒的战术，就命令士兵偷挖地道，直通曹营。曹操就在军营前挖了一条很深的沟，蓄满水，只要袁绍的地道一挖到壕沟，水就灌入地道，这又破坏了袁绍的计谋。

尽管曹操打败了袁绍的多次进攻，但时间一久，粮草供应越来越困难。

曹操自知比起袁绍，他兵少粮缺，将士们东征西讨，南攻北伐，也太疲劳了，恐怕支撑不了多久，便有意撤军回许都。他写信给荀攸，荀攸回信，借用了当初刘邦、项羽在荥阳、成皋相持的经验，说明现在袁、曹两军，谁先退谁的气势就会受挫。荀攸还表示尽力筹措军粮，支援官渡。曹操从荀攸那里得到了信心，他一边坚守官渡阵地，一边派骑兵四处侦探，寻找出奇制胜的时机。不久，就派人烧了从冀州运往袁营的几千车粮食。

时间一晃，袁曹两军官渡之战已僵持半年之久，曹操急于速战速决，他绞尽脑汁筹划计谋。突有卫兵来报：从袁军那边跑来一个名叫许攸的官员，说有急事求见。许攸是曹操过去的朋友，曹操像对老朋友一样接待了他。许攸是因为在袁绍那里受了委屈，来投奔曹操的。原来，在袁绍轰走沮授后，许攸向他献计说："曹军兵少，主力又在官渡与我军相持半年之久了，想必都城许昌一定空虚。请将军派一支轻骑兵，赶往许都，一定会毫不费力地得到许昌。"可袁绍却拍着桌案上的文书，瞪着眼睛，对许攸说："邺城来报告说你的家属犯了法，已被审配逮捕入狱。你连家属都管不好，怎么还敢在我面前出主意呢？”许攸又气又羞，无意留在袁营，连夜投奔曹操。曹操听完，笑着说：“你来到我这儿，大事已经成功了！”许攸向他一一介绍了乌巢的粮情和兵情，而且建议曹操派兵去袭击乌巢。他说：“袁绍派在乌巢看守粮仓的淳于琼，是个骄傲自大，喜欢饮酒，警惕性特差的人。只要烧了乌巢的粮草，不出三天，袁军就会不战而乱，您就会结束官渡的相持局面，大获全胜了！”于是曹操就召集谋士们商量袭击乌巢的方案。

经过周密策划后，一天夜里，曹操派曹洪等将军守营，以防袁军前来偷袭；自己和张辽、于禁、徐晃等，精选五千名步骑兵，打上袁军的旗号，悄悄离开了官渡，向乌巢进发。途中碰上袁军哨兵，张辽骗他们说：“我们是蒋奇的人马，是袁将军派来加强乌巢守备的。”而且不等袁军哨军靠近，张辽就走近一步，压低了声音，装出神秘的样子，说：“袁将军听说曹操要来偷袭乌巢，就派我们赶来增援。”袁军哨兵一见旗上斗大的“袁”字，而且因乌巢就在袁军大营之后，怎么也不会有敌人来，便不再怀疑，放他们过去了。黎明以前，曹军抵达了乌巢。而此刻夜夜饮酒的淳于琼睡得正香，袁军还来不及穿衣，曹军就冲了进来。刹时间，粮囤到处起火，浓烟滚滚，直冲云霄。

乌巢粮草被烧，不远处的袁营看得真切。大将张郃劝袁绍立即援助淳于琼，同时切断曹军退路，而袁绍在关键时刻一错再错，听信谗言，置乌巢于不顾，让张郃、高览二将前去袭击曹军大营。张郃苦苦劝说："曹操很会用兵。他既然派精兵去偷袭乌巢，那么官渡的守备也一定不会放松。还是先去援助淳于琼吧！"袁绍仍执迷不悟，张郃、高览只好勉强带兵出发。袁军进攻官渡，遭到曹洪守军的坚决抵抗；背后又受到从乌巢回师官渡的曹军的猛烈攻击。张郃腹背受敌，抵挡不住，加之不满袁绍的虚伪奸诈，就和高览一起投降了曹操。

乌巢粮草被烧，张、高二将投降，袁军果然不战自乱，曹军乘胜全军出击，袁绍还没来得及穿上盔甲，只穿着便服，扎着头巾，带着八百名骑兵仓皇逃过了黄河。这些残兵败将们再也无法恢复原来的势力，从此便没有声息了。

官渡之战，曹操以少胜多，以弱胜强。曹军势力大增，乘胜追击，继续向袁绍占领的地区进军，不久就统一了北方，为以后出现三国鼎立的局面，奠定了基础。

三顾茅庐

官渡之战使袁绍元气大伤，原来投靠袁绍的刘备，只好带着张飞和从曹营回来的关羽，投奔荆州军阀刘表。刘表这个人既无大志，又无胆略，还害怕刘备的势力发展，所以就叫刘备带领一些兵马屯驻在偏僻的新野县城内。

此时的刘备名声已很大。有许多德才兼备的人都认为他是一个明主，来投靠他，同时，刘备也为了江山大业在四处寻觅人才。

刘备 （161—223），三国蜀汉开国皇帝。字玄德，涿郡（今河北省涿县）人。221年，于成都即位称帝，国号汉，年号章武。伐东吴兵败，因病崩逝，享年63岁，谥号昭烈帝，史称刘先主。

刘备刚刚将兵屯驻在新野后，就有一个人来投奔他，此人名叫徐庶。刘备见他机敏、忠诚，就请他担任军师，有一天，徐庶对刘备说："您知道卧龙先生吗？"刘备说："曾经听别人说起过，不知道他的才能比您如何？"徐庶急忙摇摇头，摆手说："我怎么能与卧龙先生比呢？如果非要拿我和他比的话，就是乌鸦比凤凰了。"刘备惊讶地说道："那么他一定是个非常难得的人才了，请您带他来见我吧！"徐庶连忙说："这个万万使不得，像卧龙先生这样的天下奇才，得您亲自登门拜请才行。此人复姓诸葛，单名亮，字孔明，是琅邪阳都人。从小死了父母，跟着叔父在荆州避难。在他十七岁那年，叔父也死了，他就在襄阳城西二十里的隆中山定居下来，平时除了种地以外，经常和一些朋友们攻读史书，切磋学问，谈论天下大事，而且他还将自己比作辅佐齐桓公成为霸主的管仲和辅佐昭王打败齐国的名将乐毅。您想想看，他不正是你所寻求的兼有将相才能，能辅佐您成就大业的人吗？他是一个非常了不起的人物，就像卧在地上，准备腾空而起的巨龙，所以被称作‘卧龙先生’。您说，像这样的天下奇才，是不是值得您亲自前往，请他出山呢？”刘备听得心花怒放，点头称是，决定亲自去请卧龙先生。

次日，刘备带着关羽和张飞前往隆中。等他们来到孔明家的门前，刘备下马亲自敲打房门，里面出来一位小书童，问：“你们找谁呀？”刘备客气地说：“请告诉卧龙先生，刘备前来拜见。”小书童说：“先生不在家，一早就出去了。”刘备急忙问：“先生去哪儿了？”小书童说：“不知道，先生朋友很多，大概找朋友们一块读书去了。”刘备很失望，问道：“那么先生什么时候能回来呢？”小书童说：“这也说不定，或者三五天，或者十几天，没准儿。”张飞见刘备还想问下去，很不耐烦，就对刘备说：“既然他不在，我们就回去吧！”关羽也同意，刘备只好对小书童说：“等先生回来，请你转告他说，刘备前来拜访。”于是，三个人失望地离开了卧龙岗。

回到新野后，刘备天天派人打听隆中的动静，过了几天，终于听到了孔明回来的消息。刘备命令：“立即备马。”这时候，正赶上冬天，冷风嗖嗖地吹，天上又飘着雪花，关羽和张飞都劝刘备改天再去，刘备不听劝阻，决意要亲自去请，关羽、张飞也只好陪着。雪花纷纷扬扬飘落下来，山就像用玉砌成似的，树也好像用白银裹着似的。可三个人却无心赏景。他们冒着风雪，好不容易才到卧龙岗，刘备下马，轻轻地敲门，又是那个小书童出来说："诸葛先生正在堂上读书呢。"等刘备高高兴兴地进去拜见时，却得知读书的并非诸葛亮，而是他的弟弟诸葛均。刘备二请诸葛亮，仍是没有见到人影，只好失望地回去了，打算改日再来拜访。

又过了几天，打探到孔明确实回来了，刘备第三次前往隆中拜见诸葛亮。为了表示自己的恭敬，在离草屋很远的地方，刘备就下马步行。从小书童那里得知诸葛亮还在草屋睡觉，就没敢惊动，便让关羽和张飞在门外等候，自己恭恭敬敬地站在草屋的台阶下等着。刘备等了好一会儿，诸葛亮才醒来，小书童连忙向诸葛亮禀报说："刘备将军已来了好半天了。"诸葛亮立即出门迎候。刘备看诸葛亮，二十七八岁的年纪，身高约八尺，但长得清秀，神采焕发。刘备迎上去说："久仰先生大名，今日承蒙接见，很荣幸。"诸葛亮赶紧说："刘皇叔三顾茅庐，未能迎候，请您原谅。"二人就进入草堂交谈起天下大事来。

诸葛亮　字孔明，号卧龙。三国时期杰出的政治家、军事家、外交家。207 年出山辅佐刘备。214 年刘备建立蜀汉政权，被任命为丞相。蜀汉后主刘禅继位，封他为武乡侯。234 年病逝于五丈原军中，享年 54 岁。

刘备说："现在汉室衰败，曹操将汉献帝挟持到了许昌，借着天子的名义摆布各诸侯。我想尽我的全力，平定天下，但是我的智慧和谋略很差，能力也很微薄，起事二十多年，也没有什么成就。很想请您出山，帮助我实现夙愿。"

诸葛亮说："我为将军您忧国忧民之心而感动。但是我年纪太轻，学识不足，而且又不愿意追求功名利禄，还是请将军另请高明吧！"

诸葛亮怎么也不肯答应刘备的请求，刘备急忙诚恳地说："希望先生能救救天下受苦受难的百姓，为我指出一条宽阔的前程吧！"

诸葛亮虽然在隆中居住了十年，但他却根据自己对天下大事的精心观察分析，形成了独特的政治见解，确定了统一天下的方针。刘备诚恳的求问使他很受感动，就向刘备提出了自己的见解。

他说："自从董卓叛乱进入洛阳以来，天下豪杰们同时举起反叛大旗，势力很大，大有争夺天下之势。曹操和袁绍相比，无论从实力上讲还是从名望讲，都不如袁绍，可他却打败了袁绍，主要是因为他有智谋。如今，曹操兵力充足，并且挟持了汉献帝，不可能与他争夺天下。而孙权呢，他占有长江的险要，而且老百姓都顺从他，有才能的人也时有去投奔他，因此对他只能联合，不能打他的主意。总之，要联孙抗曹。"

诸葛亮见刘备不住地点头，接着又说："荆州这个地方，地势险要，北有汉水、沔水，南通南海，东连吴会，西通巴蜀，是个用兵的好地方，而刘表却没有守住它的能力。这荆州之地，正是为将军提供了发展事业的好地方。而且益州（今四川及云南、贵州、湖北、陕西、甘肃各一部分），号称‘天府之国’，将军您可以益州为根据地，完成您的远大志向。”

听完这一番话，刘备舒了一口气，精神也为之一振。诸葛亮又说：“您是皇家后代，而且为人正直，许多人才都前来投靠于您。您如果能同时占有荆州、益州，凭着险要的地势，团结好西南的少数民族，对外联合孙权，对内政治清明，等待时机，再向中原发展。这样，您就能完成自己的夙愿，汉业也可以复兴了。”

刘备对诸葛亮精辟的分析大为赞赏，一再拜谢道：“先生的话使我受益匪浅，如能出山相助，我就可以随时领教了。”诸葛亮仍然推脱，刘备悲伤地说：“先生您这样的天才，不肯出山相助，是我刘备的不幸，是汉室的不幸呀！”说着，泪水夺眶而出。诸葛亮深深地被感动了，答应出山。

从此以后，诸葛亮就用他全部的智慧和才干辅佐刘备。刘备三顾茅庐求贤的佳话也一直流传至今。

赤壁之战

官渡之战以后，曹操就统一了北方，发展生产，增强军事力量，下一步他就打算进军南方，消灭驻守在荆州的刘表和江东的孙权，统一全国。

在汉献帝建安十三年（208），曹操率大军南下，直逼荆州。而此时，驻守荆州的刘表刚刚死去，其子刘琮承袭了他的职位，胆小怕事的刘琮暗地里投降了曹操。受刘表派遣驻守新野一带的刘备，见曹军来势凶猛，想抵抗也来不及了，就匆匆忙忙地向江陵（今湖北江陵）退却。江陵是一个军事重镇，又是兵力和物资的重要补给地，曹、刘双方都为争夺此地而日夜兼程，在长坂（今湖北当阳东北）曹操赶上了刘备，并且打败了刘备，占领了军事要地江陵。刘备被打得无路可走，只好从小道到夏口（今湖北武汉），与刘表的长子刘琦相遇，合兵一处，约有两万人。而且在夏口，刘备碰到了等他很久的孙权的谋士鲁肃。原来，孙权在得到曹军南下，刘表去世的消息后，就接受了鲁肃“联合刘备、抗击曹操”的建议，并派鲁肃以给刘表吊丧为名，和刘备取得联系。在夏口，鲁肃向刘备坦诚地说明了来意，希望孙、刘两家能够联合抗曹，这正符合了诸葛亮在隆中同刘备讲的对策。刘备当即决定派诸葛亮为代表，同鲁肃前往柴桑

（今江西九江西南），面见孙权共商联盟破曹之计。

孙权爱慕诸葛亮的才华，诸葛亮见孙权气度不凡，两个人谈得非常投机。孙权首先向诸葛亮请教，诸葛亮说："现在天下大乱，曹操占据北方，大有吞并天下之势。而将军您占据着江东，刘豫州刘备一心想振兴汉室，两位都有和曹操争夺天下的气势，真是志向相同啊！"诸葛亮一句话就将孙、刘拉到了共同抗曹的立场上。但他见孙权在联合抗曹上仍有些犹豫不决，就对孙权说："曹操占领了荆州，名声震及四海，现在他顺江而下，直逼江东。将军您应该根据自己的力量作出决断：如果能以您吴、越之力量与曹军抗衡的话，等于就是与曹操断绝关系；如果您估计无力与他抗衡，为什么不及早投降曹操，还可以苟且偷生呢？像现在这样，您表面上服从曹操，可内心却犹豫不决，在紧要时刻作不出决断，灾难可就要来了。"孙权听了有些生气。诸葛亮又说道："刘豫州是汉朝的宗室，才能是他人所无法比及的，许多人都仰慕他，归顺他，如果他抗曹不能成功，那也是天命；他是无论如何也不会向曹操投降的。"诸葛亮的几句话分明在激励孙权作出正确的决断。受到激励的孙权，猛地站起来说："我也不是甘受摆布的人，我不能让整个江东的十万士兵，受人家控制！ 我的主意已定！ 不和刘豫州联合，就无法与曹操抗衡。"诸葛亮为了进一步解除孙权的顾虑，就说："刘豫州虽然刚打了败仗，但是他仍有精兵两万。曹操虽然兵马很多，但是经过长途跋涉，已经疲惫不堪了；更何况，曹军大部分都是北方人，用强力射出的弩箭，到了最后，也该掉在地上了，连最薄的丝绸也穿不透。再加上曹操刚刚占领荆州，人心不服，百姓的心是向着刘氏的。将军您想想看，只要孙、刘两家联合起来，协力作战，就一定会打败曹操的。而且曹操失败以后，必定会退回北方，荆州、东吴的势力就会发展起来。这样，三足鼎立的局面就形成了。”诸葛亮这一番话，增加了孙权抗曹的决心。他立即召集文武群臣商讨抗曹的办法，恰巧这时曹操写信恐吓孙权，说他要率八十万军队讨伐江东，同孙权一见高低。信中的傲慢语气吓得众谋士脸色俱变。威望最高的长史张昭说：“如今，曹操打着皇上的名义，四处征战，如果抵抗，则名不正，言不顺。尽管我们依据长江之险，但曹操已占有荆州，拥有大量战舰、水军，我们的长江之险无作用了。我看，只能投降了。”许多谋士也附和张昭的观点。孙权听了很不高兴，起身离开了，鲁肃也跟了出来，对孙权说：“你千万不能听张昭他们的泄气话，他们的话对将军您是很不利的，您应赶快请周瑜来主持军事，联合刘备，共抗曹操。”

周瑜此时正在鄱阳湖训练水军，得到孙权的命令，连夜抵达柴桑。周瑜听了文武官员的意见，对孙权说：“我们占据着江东，地方数千里，兵粮充足，怎么能将这些拱手送给他人呢，哪能向曹操称臣呢？”周瑜说：“其

【汉宫春晓】卷 局部 ［明］仇英　中国台北故宫博物院藏　　23－4

【汉宫春晓】卷 局部 ［明］仇英 中国台北故宫博物院藏 23-4

实，曹军士兵至多不过二十多万，而且现在又是天寒地冻的季节，他们缺乏草料。尤其北方将士不服南方水土，疾病就要流行。这正是曹军的致命弱点，请将军拨给我几万精兵，开赴夏口，击败曹操。”孙权为周瑜这几句话而感动，拔出佩刀，一刀砍下案桌的一角，说：“如有人再提投降曹操，就和这张桌子一样。”

周瑜 (175—210)，三国时期吴国将领，杰出的军事家。字公瑾，庐江舒县（今安徽庐江）人。美姿容，精音律，多谋善断，人称周郎。208年赤壁之战中大败曹军，不幸早逝。

第二天，孙权任命周瑜做大都督，程普做副都督，鲁肃做赞军校尉，率领三万人马，与刘备的水军会合，协同作战。孙刘联军在长江南岸的赤壁，跟北岸曹操的军队隔江对峙，一场大战就要开始了。

而此刻，曹营内疾病正吞噬着士兵的身体，许多士兵生起病来；没病的士兵也因晕船而呕吐不止，失去了战斗能力。有人献计将战船用铁链连在一起，铺上木板，结成“连环船”，北方的士兵在上面走，就会平稳而安全。其实，平稳了倒是真的，不过将船连上后却潜藏着更大的危险。在一个雾弥大江的夜晚，东吴三代老臣黄盖派人送给曹操一封投降信，说自己已经看出东吴无力抵抗势力强大的曹军，只有胸怀狭窄、目光短浅的周瑜和鲁肃硬要以卵击石，自取灭亡。而他是实心实意地归顺曹操。此时的曹操被胜利冲昏了头脑，认为自己处于绝对优势，东吴内部出现了分歧是极有可能的，所以就相信黄盖的投降，还约定了黄盖来投降的日期和暗号。

而东吴大营内，正商讨攻曹大计。黄盖认真地研究了曹军的连锁船，对周瑜说："目前敌人力量雄厚，我们仅仅有三万人，不应该打持久战，现在曹军把战船首尾接起来，我们可以用火攻的方法，烧毁他们的战船。"周瑜点了点头，但他担心冬天西北风多，怕把火烧到东南方自己的战船来。鲁肃知道诸葛亮通晓天文，就把他请了来。诸葛亮同周瑜商定冬至那天发起进攻，因为那天是东南风。

黄盖写信给曹操说冬至日率领粮船来降，以船头有牙形青龙旗为投降信号。冬至日那天，天色渐晚时刮起了东南风。一会儿，江面上就有一列帆船，迅速向北方驶来，船头插着牙形青龙旗，曹操不禁大喜，说："黄盖一来，我就大功告成了！"他哪会想到在黄盖的船上，装的不是粮草，而是浇上油的枯柴干草，外边盖上了帷幕。在离曹军水寨二里的地方，黄盖回头看到南岸周瑜已做好准备，只等他这里点火，就率领队伍压过江来；刘备也在樊口准备同时进兵。黄盖一声令下："放火。"水手们早就准备好，刹时间，几条大船变成了火船，像一条条火龙漂向曹军水寨。水手们迅速跳上小艇，拔出武器，冲向曹营。曹营的战船无法移动，士兵们被火龙吓得魂不附体，纷纷逃跑。说时迟，那时快，火龙已将曹军的战船一只接一只地燃烧起来，呼呼的东南风助长了火势，江面上火光冲天，曹军被烧死、踏死、挤死、淹死的不计其数。周瑜、刘备的战船上人马也乘势驶过江来，与曹军混战起来。

黄盖大船后的几十只小船迅速逼近曹营，一面放火箭，一面寻机杀敌。老将黄盖盯着曹操的船驶去，果然见到曹操正跑向一条小船，他举刀高喊："曹操！ 哪里逃！ 黄盖来了！"曹操已经跳进了张辽前来迎救的小船，连头也不敢回。张辽拉弓搭箭，射中了黄盖肩膀。老将军"呀"地一头栽入冰冷的水中，恰巧被东吴老将韩当的船救起，黄盖因此保住了性命，曹操趁机逃走了。

曹操带着几千残兵败将，摆脱了孙、刘联军水路、陆路的追击，由陆路逃回许昌，从此再也没有力量向南进军了。

赤壁之战，以孙刘联军的胜利、曹军的失败而宣告结束。这是我国战争史上一次以少胜多，以弱胜强的著名战例。

司马氏夺政

曹丕废汉建魏之后，做了六年皇帝就死了，他的儿子曹睿继承帝位，称魏明帝。这个魏明帝治理国家的本事比不上他父亲，可是在尽情享乐、大兴土木上都超过

魏文帝曹丕 (187—226)，三国时期魏国君主。字子桓，沛国谯县（今亳州谯城）人。曹操次子。曹操死，继位为丞相、魏王。当年十月，逼迫汉献帝禅位，自立为帝。国号魏，庙号世祖，谥号文皇帝。

曹丕，更超过他的祖父曹操。他不仅重修了九华殿，还在洛阳建筑了总观章、太极殿、凌霄殿。宫内有湖，有河，有假山；山上有盘桓小路和漂亮的亭台，绿树成荫，野鸟啼鸣。

曹睿大兴土木、骄奢淫逸，高堂隆等许多有名的大臣连连上奏，劝他爱惜民力。只有司马懿一人没有提出反对意见。魏明帝的时候，中央政权已经形成曹氏和司马氏两派。司马懿的势力是在对蜀国作战的过程中培植和壮大起来的。曹氏的势力以曹真之子，曹操之侄孙曹爽为代表。两派的党羽遍布朝野。

荒淫无度的曹睿刚刚三十五岁就死了。临死的时候，因为没有儿子，就从曹氏家族中抱了两个孩子，一个是齐王曹芳，一个是秦王曹询。他立了八岁的曹芳为太子，拜曹操的庶子曹宇为大将军辅佐曹芳。同时一起辅政的还有夏侯献、曹爽、曹肇和秦朗等人。这一下，引起了司马派的不满。他们趁曹宇不在场和曹睿病危，竟然让曹睿下诏书，免去了曹宇、夏侯献、曹肇、秦朗的职务，不准他们留在宫中，只留下软弱而无能的曹爽为大将军，同时发出诏书，命令司马懿火速赶回洛阳。

当时，司马懿刚刚打败了辽东背叛魏国的公孙渊，正在回朝的路上。司马懿收到诏书后，立即预感到京师有了重要情况，就撇下军队，用最快的速度赶回洛阳。亏他跑得快，当他飞一样赶入宫里时，曹睿已经奄奄一息了。临终前，曹睿拉着司马懿的手，让司马懿和曹爽共同辅佐曹芳。

当天晚上，曹睿就死了。第二天，曹芳即位，曹爽和司马懿共同执掌曹魏大权。曹爽把司马懿当作父辈看待，遇事常常和他商量。司马懿也故意装得很谦卑，对曹爽很尊重。但实际上，两人的明争暗斗从未停止过。

曹爽周围有一些青年人，如何晏，邓飏、李胜、毕轨等，他们都是公子哥儿。当时人称他们“浮华友”，曹睿在位时，就看不惯他们的行为，不让他们做官。可是曹爽却和他们习气相投。当权后，就把这些人一一提任高官。这一伙人害怕司马懿，就千方百计排挤他。他们将司马懿调任太傅，抬高地位，就是不让掌握实权，更无兵权。

司马懿心里明白，但反击条件还未成熟，只能装作糊涂。曹爽看司马懿没有什么反应，就又任命弟弟曹羲做中领军，曹训做武卫将军，曹彦做散骑常侍，一家子掌握了军政大权，但是这帮“浮华友”哪里是司马懿的对手。

为了迷惑曹派的人，司马懿后来又在家装病。曹爽这边的人很久没看见司马懿了，李胜借口由河南尹改封为荆州刺史去向司马懿辞行，来观察他的举动。

司马懿正在和他的儿子司马师、司马昭兄弟商量东山再起的计划，忽然听门人报李胜来了，他赶紧扔掉帽子，扯乱头发，跳上床去，抱住被子，半躺半坐，还故意叫两个侍女在旁边扶着，一切准备好了，才请李胜过来。

李胜进来一看此时的司马懿也大吃一惊，他连叫几声“太傅大人”，司马懿才睁开眼，问：“你是谁呀？”李胜忙说：“我叫李胜，皇上让我当荆州刺史，特地来向您老人家辞行。”司马懿故意装作听不清楚，说东道西。李胜信以为真，以为司马懿神志不清了。过了会儿，司马懿用手指口，侍从的婢女会意地递过汤。他不伸手接，而是伸着脖子去喝，结果被弄了一身汤。他装出一副想要说却说不出话的样子，半天才从嘴里挤出了几句话：“我现在已经老了，活不了几天。请你转告大将军，请他照料我的两个儿子吧！”说完，一仰身倒在床上，说不出话来了。李胜回去向曹爽报告，曹爽信以为真，不加戒备了。

司马懿从此不再出门，却天天派人去打听曹爽他们的情况。魏嘉平元年（249）正月，皇帝曹芳由大小官员陪同去高平陵祭祀父亲。太傅司马懿因为病得很重，自然就不必去了。

司马懿探听曹爽兄弟都去了，马上发动兵变。他们首先统领自己的部队，关闭了各个城门，然后占据了曹爽和曹羲的军营。这一切行动都是打着郭太后的旗号办的，所以十分顺利。司马懿亲自去见郭太后，只是说："曹爽乱国，应该撤职。"郭太后没加考虑就同意了。他又命令太尉蒋济写表，声讨曹爽的罪行。司马懿自己屯兵洛水浮桥，掌握全局。曹爽知道司马懿发动政变，控制了洛阳，深知大势已去，就答应把兵权交给司马懿。这样，曹爽兄弟才随着皇帝曹芳回到了洛阳。不久，司马懿就将曹爽灭了族并铲除了其党羽。这就是历史上的"高平陵事变"。

事变发生后不久，司马懿就死了，他的儿子司马师、司马昭相继执政。司马昭做了丞相，更加专横跋扈，继续大肆杀曹氏集团中的人。他还把曹芳给废了，立曹睿的堂弟、年方十四岁的曹髦做了皇帝。

曹髦对自己当个傀儡皇帝十分不满意，每当想起自己祖宗的丰功伟业，想起司马昭的飞扬跋扈，就十分伤心。他有感于井中出现黄龙的民间传说，为抒发忧愤之情写了首《潜龙诗》。诗的大意是：可怜的黄龙被困在井中，不能到大海里自由翻腾。泥鳅鳝鱼居然也敢来欺侮，在黄龙面前摇头摇尾逞能。可怜的黄龙呀！你和我处境相同呀！

这首诗传到司马昭耳中，立即引起了他的不满。他带着宝剑大步走进宫里，问皇帝："你写的《潜龙诗》，里边的鳝鱼和泥鳅就是我吧？"曹髦低着头，不说是，也不说不是。司马昭冷冷一笑，转身就走了。曹髦再也不想当这个憋气皇帝，找来三个大臣说："我与其坐着等死，还不如带兵和他拼一拼！"大臣当然都劝他要慎重。他却从怀里抽出早就写好的诏书，扔在地上，自己去禀告太后。有两个大臣转脸向司马昭报告了这件事。

曹髦带着兵吵吵嚷嚷地要攻打司马昭，还没来得及动手就被司马昭指使的凶手成济杀死了。司马昭听说皇帝死了，又装得万分惊讶与难过，先命令把曹髦的尸体收起来，又在舆论的压力下灭了成济三族。成济自然不服气，就光着膀子爬上房顶，大喊大叫："是司马昭让我杀死皇帝的。"并把司马昭的阴谋全都抖落了出来。他的野心人人看得很明白，即所谓："司马昭之心，路人皆知。"

曹髦死后，司马昭立了曹操的孙子曹奂做后帝，改年号为景元元年。至此，司马昭篡权活动的重大步骤已经完成，曹魏政权名存实亡，此时也进入了三国末期。

石崇王恺比富

西晋初年，国家统一，社会秩序比较安定。将东吴纳入版图之后，晋朝国力大增。武帝宣布改元太康，下诏划全国为十九州、一百三十七郡，罢州郡兵以示天下太平；又改屯田为占田、课田，颁布户调制，规定丁男

（十六岁—二十岁）年纳绢三匹、绵三斤；女及次丁男（十三岁—十六岁，六十一岁—六十五岁）减半，男子一人占田七十亩，女子三十亩；此外丁男课田五十亩，丁女二十亩，另交田租，在一定程度上减轻了百姓负担，故生产积极性有所提高。没用几年，国家的经济竟有了长足的发展。

与此同时，代表士族地主当政的司马统治集团很快就暴露出他们腐朽和贪婪的本质。他们卖官鬻爵，贪得无厌。晋武帝后宫原有宫女几千人，灭吴以后，又挑选吴宫美女五千人，整天宴饮作乐，过着荒淫无耻、纵情享乐的生活，皇室以下的豪门权贵大肆搜刮钱财，挥霍无度。石崇和王恺斗富的故事就是这些士族官僚地主糜烂生活的写照。

石崇是前司徒石苞的儿子，从小就刁钻，长大后更是奸猾贪婪。他在平吴中立功封侯，后又任荆州刺史。这期间，他一面公开勒索百姓，一面暗中派部下扮作江洋大盗，专门拦劫过往巨商乃至域外进贡的船只，再加上世代残酷剥削遂成暴富，拥有大量的珍宝、金钱、田宅和八百多名奴隶。他家里仅水碓就有三十多处。农民想把糙米舂成白米，使用一下他家的水碓，就要收取高额的舂税，扣下许多白米。

王恺是武帝的舅父、被封为山都郡公，领有一千八百户的封地，还做过骁骑将军、散骑常侍等大官。他和石崇一样，也拥有大量财富。

王恺听说石崇家里富有，仗着自己是皇亲国戚，有心想跟他斗一斗，看究竟谁更阔气些。王恺家用麦糖洗锅，并且以此向石崇炫耀。石崇家就用白蜡当柴烧，压倒了王恺。王恺不服，出门的时候，在道路两旁用紫丝布做成挡风墙，全长四十里，用成千上万匹布。石崇听说了，出门的时候就用锦锻做成挡风墙，全长五十里，又压倒了王恺。王恺用赤石脂抹墙，把家里的房屋弄得富丽堂皇；石崇就用城外买来的花椒粉和泥抹墙，家里的房屋芳香扑鼻，又胜过了王恺。

晋武帝看到舅父王恺跟石崇斗富,不但不加以制止,居然还帮助王恺斗倒石崇，就赐给王恺一株高二尺多的珊瑚树。这“树”，似树非树，似玉非玉，两根主干上生着许多奇特枝桠，通身像红宝石似地闪光。这在当时是一件很难得的珍稀之物。王恺得到这株珊瑚树，高兴极了，得意洋洋地把石崇请到家里来，请他观赏。哪知石崇看见是株珊瑚，也不答话，只微微一笑，顺手拿起一个铁如意，猛地一挥，就把珊瑚打得粉碎。这下王恺可急了，他窜上去一把抓住石崇，红着眼睛吼道：“你嫉妒我的宝贝,你卑鄙！这是皇上赐……”不等他嚷完，石崇便轻蔑地看他一眼，轻轻地把他的手拨开，冷冷地说道：“王公不必如此，我赔您就是！”说着一摆手，让侍从们回家搬取他收藏的珊瑚树。大大小小的珊瑚树一搬来，一下摆满大厅。其中仅三四尺高的就有六七株，株株色彩鲜艳夺目，像王恺那样二尺多高的更多。王恺一时眼花缭乱，伸着脖子，瞪着眼睛，右手僵直地向前指着，一点动弹不得，好大一会儿才缓过劲来。王恺又一次输了。

从此，石崇声名大振，都说他的珠宝多得像砖头瓦块一样，算得京中首富。不过，像王恺、石崇这样的挥霍的大臣并不是少数。大尉何曾每天吃饭的钱就近万，他的儿子何劭则每天要花两万钱。驸马王济宴请武帝，竟用人乳喂的猪崽做菜。为了满足自己的穷奢极欲，从上到下，从皇帝到大小官僚都拼命地捞钱。

王恺和石崇为表示自己的阔气，还常常大宴宾客。王恺请客人喝酒，要美女在旁吹笛，如果稍有失韵走调，就把美女拉出去杀了。石崇叫美女劝客饮酒，如果客人不高兴喝或喝得不多，就杀劝酒的美女。在一次酒席上，石崇请一个官僚王敦饮酒。王敦这个残忍的家伙故意不喝酒，石崇于是一连杀了三个美女。

西晋的统治阶级就是这样一群贪得无厌、荒淫腐朽的家伙，正因为如此，西晋的阶级矛盾十分尖锐，统治阶级内部争权夺利的斗争也很激烈。后来事实证明，西晋只维持了短短二十多年的安定局面，统治阶级内部就先乱起来了。

闻鸡起舞

闻鸡起舞

东晋人祖逖年轻时，就怀有雄心壮志，喜欢结交英雄好汉。他和好朋友刘琨谈论天下大事，总是慷慨激昂，义愤满怀。他们互相鼓励，表示将来一定要为国家干一番大事业。

祖逖和刘琨同睡在一张床上，半夜时鸡叫头遍，祖逖就叫醒刘琨："你听听，这鸡叫的声音多么激越昂扬，那是在叫人发愤图强呀！"他们两人兴奋得再也睡不着了，就披衣起床，拔剑起舞，强身健体，准备将来好为国出力。

在匈奴贵族刘渊、刘聪跃马横戈，驰骋北方，攻下洛阳的时候，祖逖也和别人一样，带着家属、亲戚、朋友，离开北方南下，到了江南。刚刚建立东晋政权的晋元帝，派祖逖做军谘祭酒。这种官职只能提提建议，没有军事实权。祖逖住在京口（今江苏省镇江市），为了准备恢复中原，他招集了许多勇敢而有胆识的壮士，练习武艺。过了一些时候祖逖向晋元帝建议说："前朝的大乱，是由于皇族内部争权夺利，互相残杀，这才使得胡人乘机兴兵，扰乱中原，给北方人民带来深重的苦难。如今北方人民都在反抗胡人，假如陛下能下令出兵，派我北伐，必定会得到天下人的响应，国家的耻辱也就能洗雪了。”晋元帝虽然没有北伐的决心，但是祖逖这番义正词严的要求，是没有理由拒绝的，他只得派祖逖做奋威将军，兼任豫州牧，给了一千人的给养和三千匹布，让祖逖自己去招兵买马，制造武器，出师北伐。

祖逖不顾条件艰苦，带领亲信部属一百多人渡江，向北进发。等船开到江心，祖逖用佩剑敲着船桨，当众誓师说：“我祖逖如果不能肃清中原的敌人，决不再过这条大江！”祖逖这铿锵有力的誓言，在碧波浩淼的江面上久久回荡。

祖逖渡江以后，进驻江阴，先在那里起炉炼铁，制造武器，又招募了两千名壮士，然后继续向北进发。祖逖一刻也没有忘记自己的誓言，勇敢地跟敌军展开斗争。江北的人民听说祖逖北伐，十分欢迎。他们给祖逖送粮送信，配合着打击敌人。在人民的支持下，几年之间，祖逖就收复了长江以北黄河以南的大部分地方。

祖逖领兵继续北进，在黄河边上跟石勒展开了激烈战斗。祖逖手下的将领韩潜和后赵将领桃豹，两军争夺一个叫蓬陂（今河南省开封

市东南）的城堡。韩潜占了东城，住在东台；桃豹占了西城，住在西台。晋军从东门进出，后赵军从南门进出。双方对峙了四十多天，粮食供应发生困难，都感到难以坚持下去了。祖逖为了战胜对方，跟韩潜商量，定下了一条计策。

他叫部下用许多麻袋装上土，假装是粮食，派一千多人高唱着劳动号子运上东台；又派几个人搬运一些真的米袋，故意装做疲劳的样子，走到与桃豹交界的路上去休息。桃豹的士兵早就饿急了，见了运米的晋军，就追赶过来。祖逖的部下故意丢下米袋就跑。桃豹的士兵抢到米，很是高兴，立刻埋锅做饭。他们一边吃着香喷喷的米饭，一边谈论着祖逖军队粮食这样充足，而他们却要经常忍饥挨饿。言谈之间，不觉流露出不愿继续打下去的情绪，军心开始动摇。这情况很快反映到石勒那里。

为稳定军心，石勒火速派人组织了一支由一千多头驴子组成的运粮队，运送粮食去接济桃豹。祖逖得知这个消息，立刻派韩潜等带领一支人马去袭击，在汴水（今河南省中牟县境内）岸边，打败了后赵的运粮队，夺得了全部粮食。桃豹听说粮食被抢，知道无法坚持，吓得连夜逃跑了。

祖逖打了许多次胜仗，东晋朝廷为嘉奖他，升他为镇西将军。祖逖虽然做了将军，生活却仍然俭朴。他常常用节省下来的钱，帮助部下解决困难。他和将士们同甘共苦，认真训练部队，准备继续向黄河以北挺进。为了安定后方，祖逖还积极奖励农业生产，安排好匈奴人和羯人统治地区逃来的官兵和百姓。他还认真做好争取人心的工作，对那些曾经为后赵做过事的人放手任用，不怀疑他们。那些人都很感激祖逖，遇到后赵的军队有什么动静，就赶快向祖逖报告，使祖逖能及早准备，迎头痛击敌人。

祖逖恢复中原的措施，得到了广大百姓的真诚拥护。同时也引起了东晋统治集团的猜忌。他们不仅不再支持祖逖继续前进，还派人去监视他，妄图夺他的兵权。晋元帝司马睿派尚书仆射戴渊做征西将军，掌管青、兖、豫、并、雍、冀六州的军务，坐镇合肥，来做祖逖的顶头上司，戴渊是南方人，虽然有些才能，名望也很高，可是为人气量狭小，见识浅陋，是个没有作为的人。祖逖看朝廷不信任自己，感到恢复中原是没有指望了，他的内心痛苦到了极点，愤恨到了极点。在大兴四年（321）的九月间，祖逖在忧愤中病死了。

祖逖逝世的消息一传出，黄河南岸许多地方的人民伤心地放声痛哭。人们给祖逖建造祠堂，塑了他的像，表示对他永远怀念。

淝水之战

前秦皇帝苻坚是一个很有作为的皇帝。他任用王猛为相，内修政治，外拓疆土，先后击退了晋军，灭亡了燕国。随着前秦的胜利，秦王苻坚的骄气也越来越大了。他灭了北方的许多小国，并且出兵攻晋，占据了襄阳，就这样，苻坚统一了北方的大部分。经过几年的治理，前秦渐渐强盛起来，西域各国也都前来朝拜，贡献礼品。秦王便自以为了不起，渐渐又兴起了豪华之风。每次筵宴群臣，必然载歌载舞。

有一天，苻坚召集群臣，商议进攻东晋的事。大臣们各有想法。苻坚用威严的目光扫视了一下群臣，很自信地说："朕继承王位已经二十多年，东征西战，每想到天下尚未统一，便深感不安。现在四方夷族都已降服，只有东晋还在顽固抵抗。现在我国有精兵百万，良将千员，朕欲亲自带兵讨伐晋国，众卿以为如何？"

苻坚这一席话一出口，底下大臣便议论纷纷，一些惯于见风使舵、拍马屁的人极力附和，把苻坚的战功吹捧了一番。苻坚听到这些话十分高兴，脸上也露出了笑容。一些明智的大臣却极力反对。

大臣权翼慷慨激昂地说："如今晋国国力虽弱，但却君臣和睦，上下齐心，并且朝中还有谢安、桓冲等杰出人才，因此现在出兵伐晋还不是时候。”话音刚落，大臣石越应声奏道：“臣以为，权翼之言讲得有理。晋国不但君臣一心，而且有长江做为屏障，百姓也愿意为朝廷出力。”苻坚对这些话根本听不进去，驳斥道：“长江有什么了不起！现在我有雄兵百万。若将马鞭投入江中，便能把江水截断，天险有什么用！”

谢安 (320—385)，字安石，陈郡阳夏（今河南太康）人。395年，指挥晋军在淝水之战中大败前秦苻坚。

苻坚看到反对伐晋的人越来越多，心中生气，他不耐烦地说：“不要再说了！在路边盖房子的人，去询问每个过路人的意见，是永远也不会一致的。这件事还是由我来决定吧！”众大臣见秦王生气了，也不敢再争论。

早在七年前，王猛去世前就嘱付苻坚千万不要攻打晋朝。当时苻坚对王猛是言听计从的，但在攻晋这个问题上却一直有自己的看法，而且过了这么多年，苻坚对王猛的遗言就更不以为然了。

就这样，伐晋决定下来了。苻坚开始为这次大规模的军事行动做准备。他强迫前秦统治下的各族人民当兵，又在全国各地搜刮财产做为军用物资，决心打败东晋。

383年八月，这一年称为东晋孝武帝太元八年，苻坚率领大军八十万，号称百万大军，浩浩荡荡向东南方向进发。

秦军出兵的消息早就传到东晋的国都建康。在这紧急关头，为争夺权力而互相勾心斗角的东晋统治集团，停止了内乱，并任命主战派首领谢安全面负责抵御秦军。

谢安是个很了不起的人物，他文武双全，很有智谋。他对手下的大将做了分工：命令谢石指挥全军；谢玄担任先锋，带领八万兵马阻击秦军；又派胡彬带领五千名水兵，去淝水河边的寿阳城帮助当地的官兵抵抗苻坚；谢安亲自担任了征讨大都督。

为了安定人心，不使人们丧失斗志，谢安装作若无其事的样子，游山玩水，其实他却一直在观察着苻坚的一举一动。

前秦将领苻融率领的先锋部队，日夜行军，仅用一个月时间，就到达淮河，并攻占了寿阳。而东晋的大将胡彬只好退守硖石。秦将梁成占领军事要地洛涧，扎下许多水寨，把谢玄带领的八万晋军，阻挡在洛涧东边。

朱序，原来是东晋的将领，后来作战中被前秦俘虏，留在前秦。现在他看见前秦与东晋作战，认为自己为东晋出力的机会到了，恰好此时苻坚派他到晋军大营中去劝降，他到晋军营中，不但没有劝降，反而向谢石出谋划策，建议谢石趁着秦国各路大军还未到齐，赶快出击，挫败他们。他还答应做晋军的内应，里应外合共破秦军。

谢石立即派东晋将领刘牢之带兵来到了洛涧，在夜幕的掩护下向秦军阵地发起了突袭。睡梦中的秦将梁成慌忙起身迎战，被刘牢之一刀砍死。秦军失去主将，无心再战，晋军乘胜追击。谢石带领晋军主力渡过洛涧，在寿阳城附近的八公山下扎下营寨。

寿阳城里的苻坚对秦军的失利非常着急。他站在寿阳城上，观察晋军，只见八公山上密密麻麻全是旌旗，不知道有多少晋军在东奔西突地苦练杀敌本领。他连忙下令，秦军不要轻易出击。其实，八公山上并无晋军，只因苻坚这几日非常惊慌，把山上的草木当作晋兵了。

谢石派了使者到寿阳城，要求苻融定期作战。条件是秦军后退一些，腾出地方做战场，让晋军渡河作战。苻坚自以为高明地决定，同意将队伍后撤，以便在晋军渡河时进行袭击。

383 年十一月，淝水之战爆发了！

到了约定的日子，苻坚下令秦军后退，让晋军渡河，秦军中的各族士兵不愿意为苻坚卖命，掉头拼命往后跑。晋军在谢玄、谢琰的带领下，冒着严寒，抢渡淝水，冲向秦军阵地。苻坚一看大事不好，急忙令秦军杀回来，但秦军只顾逃命，已经非常混乱，正在这时，朱序高喊："秦军败了！"秦军士兵听到秦军败了，更加没命地跑，苻融在混乱中被晋军活活砍死了。秦军失去控制，自相践踏，死伤不计其数，苻坚见大势已去，只得骑马奔逃。一路上听见随风飘来的八公山上鹤叫的声音，也以为晋军追过来了。他一口气逃到淮北，清点一下残兵败将，只剩下了十之二三。晋军穷追不舍，直到收复了寿阳才收兵。

淝水之战又是我国历史上一次著名的以少胜多的战例。

孝文帝迁都

冯太后一死，北魏孝文帝拓跋宏亲自执掌朝政大权，继续实行政治改革。他知道，要使北魏富强，必须抛弃民族偏见，接受汉族的先进文化。为了加强同黄河流域汉族的联系，便于进攻南朝，统一中国，他决定迁都洛阳。

但迁都是件大事，关系到许多鲜卑贵族的切身利益。守旧派贵族留恋旧都的田地财产和奢侈的生活，害怕迁都会改变生活方式，强烈反对迁都。孝文帝为了迁都，定下了一条妙计。

太和十七年秋，孝文帝亲自率领步兵、骑兵三十万南征。队伍到洛阳，孝文帝带领大臣们参观西晋宫殿的遗址，他指着那满目荒凉的景象，对大臣们说："西晋的皇帝不好好管理国家，国家灭亡，宫殿荒废，看了真让人伤感。"他触景生情，吟诵起《诗经》中《黍离》这首诗来。据说，当年东周大夫回到西周的镐京，看到旧日宫殿的遗址都种上了茂盛的谷子，感到十分哀伤，就写下了《黍离》这首诗。孝文帝吟诵完毕，还掉了几滴眼泪。

那时候，洛阳正是秋雨绵绵的季节，跟随的文武大臣们，对太武帝拓跋焘南征刘宋，战败逃回的情景，还记忆犹新。他们担心这次南征的结果也像过去一样，劳民伤财，毫无收获。

正当大臣们忧心忡忡的时候，孝文帝突然下令立刻向南进发。他来到军前，文武大臣们见孝文帝真的要南进，都一齐跪下，俯首在地，请求停止南进。安定王拓跋休代表大家向孝文帝诉说了南进的利害。孝文帝说："我们这次南征，兴师动众，成功或失败，影响甚大，这点我是清楚的。你们既然不愿意南下，那就得听我的话，把国都从平城迁到这里来，等将来有机会再灭亡南朝，统一全国。"南安王拓跋桢赶忙说："只要陛下停止南进，我们一定赞成迁都洛阳。"一时间，停止南进的消息传遍全军，大家都高呼"万岁"。迁都洛阳的事，就这样决定了。

孝文帝怕留在平城的大臣们反对迁都，就派任城王拓跋澄回去做说服工作，又派贵族于烈留守平城。

事情果然不出孝文帝所料。拓跋澄回到平城，一说迁都洛阳的事，鲜卑贵族们都纷纷表示反对，许多人痛哭流涕，有的甚至表示死也不离开平城。拓跋澄再三解释迁都的好处，仍然有少数人反对。第二年，孝文帝亲

北魏 · 铜牛车

自回平城去说服他们，才使得多数人服从迁都的决定。

迁都后，孝文帝着手改革鲜卑的旧风俗，从各方面积极推行汉化政策。孝文帝迁都洛阳和实行汉化政策，目的是改革鲜卑族一些落后的风俗习惯，学习汉族的先进生产技术和文化知识。经过这一系列的改革，黄河流域的鲜卑族和其他少数民族跟汉族逐渐融合起来，使北魏在政治、经济、文化等方面接受汉族的影响，迅速地发展起来，黄河流域开始出现欣欣向荣的新气象。魏孝文帝对我国民族大融合和黄河流域的经济发展作出重大的贡献，是一位值得赞扬的少数民族的杰出政治家。

陈后主亡国

陈霸先灭掉梁朝，建立陈朝，被称为陈武帝。他只做了三年皇帝就死了。他的几个儿子都比他死得早，他死了以后，皇位传给了侄子陈蒨，称为陈文帝。他在位共七年时间。

陈文帝有一个儿子叫陈伯宗，陈伯宗是一个很软弱的人。文帝的二弟叫陈顼，一直想做皇帝。文帝临死之前，想伯宗是一个软弱的人，成不了什么大事，还不如把皇位让给二弟陈顼。他把这个想法告诉了陈顼，陈顼虽然很想做皇帝，但是文帝当着许多大臣的面这样说，他感到很为难，就再三推辞，还说自己一定好好帮助侄子治理国家。文帝看他诚心诚意，很高兴，也放心了，闭上眼死了。

伯宗继位以后，陈顼就忘了对文帝许下的诺言。他把皇帝排挤到一边，自己想做什么就做什么，不把皇帝放在眼里。过了一年多，他就废了伯宗，自己做了皇帝，称为陈宣帝。他在位共十四年。

陈宣帝有三个儿子，大儿子陈叔宝，二儿子陈叔陵，四儿子陈叔坚，这三个人都很有政治野心。宣帝生前立陈叔宝为太子。封十六岁的叔陵为始兴郡王，掌管江川（今江西省九江市）、郢州（今湖北省武汉市）、晋州（今安徽省潜山县)三个州的军事,叔坚被封为长沙王，掌管湖南的大片土地。

陈叔陵是一个狠毒、虚伪的人。他对待手下的人十分厉害，稍微有点过失，他就重重地惩罚，逼得人走投无路去寻死。他还很会伪装，每次入朝的时候，坐在车上或马上，手里总拿着一本书，嘴里念念有词，一副十分好学的样子。一回到家，他就把书扔到一边。他经常在晚上找来一大群朋友，玩闹一直到天亮才睡觉。他把自己管辖的地区变成一个独立王国。他一心想等宣帝死后就篡位。

陈宣帝晚年的时候，身体不好，经常生病，三个儿子经常守在他的床边，装出很孝顺的样子，其实他们是为了得到皇位。

宣帝快死的时候，叔陵就暗地里准备，他本来想在皇帝死的那天动手，结果没有得逞。第三天，宣帝的遗体被装入棺木，太子叔宝正趴在棺材上痛哭的时候，叔陵拿出早已磨好的刀向叔宝砍去，砍在叔宝的脖子上，顿时，皇宫大乱。柳皇后一看叔陵要杀叔宝，就上去阻拦，结果也被叔陵砍了几刀。这时，叔宝的奶娘吴氏也跑出来了，她绕到叔陵身后，揪住他的胳膊不放，叔宝乘机逃走了。当时，叔坚也在场，他看到叔陵想杀叔宝，等叔宝逃走后，就冲到前面，抢下了叔陵手中的刀，又把叔陵绑在柱子上，然后他就去向叔宝请功，想乘机取得朝中的大权，他没有想到，叔陵力气很大，挣开绑他的绳子，逃回东府城了。

叔陵逃回东府城后，派人封锁了东府城和台城之间的通道。他把监狱里的犯人放出来，发给他们武器，发动政变。他又在东府城招兵买马，为夺取皇位准备。可是，人们都知道他想夺皇位，就没有人愿意去，只有他的一个堂兄弟去投奔他。最后，他们的队伍也只有一千多名士兵。叔陵就带着这一千多人的队伍守着东府城，等着一有机会，就攻打台城的皇宫。

叔宝逃回后宫后，因为受了伤不能管理政事，就暂时把权力交给叔坚。叔坚派右卫将军萧摩诃去攻打东府城。萧摩诃带领骑兵去攻打，实力显然比叔陵的队伍强大。叔陵就不敢和他打，于是，他派人给萧摩诃送礼，想收买他，还派人对萧摩诃说，要是他掉转矛头，帮助他的话，等他做了皇帝，一定拜他做宰相。萧摩诃假装答应，但是，他要求叔陵派心腹送信才肯照办。叔陵以为萧摩诃真的答应了，就派心腹戴温、谭骐驎去给萧摩诃送信。萧摩诃把他们两个人抓起来，送到台城杀了，又拿他们的头去警告叔陵。

叔陵一看大势不好，就带着一部分人马，渡过秦淮河，去投靠北朝。在半途上被萧摩诃派人杀死了。于是陈叔宝登上了皇帝宝座。

陈叔宝是一个很无能的人，他贪于酒色，整日在后宫和宠妃们饮酒作乐，无心过问朝政。当时的皇后沈氏，性格沉静寡欢，生活一向很俭朴，她喜欢读诗，平时还念佛经。所以她也是不管什么事的。但当时的贵妃张丽华，深得陈叔宝喜欢，陈叔宝对她言听计从。这样一来，六宫的事就全部交给了张贵妃。时间一长，张贵妃逐渐开始过问朝廷政事了。她让皇帝废了太子陈胤，立自己的亲生儿子陈深为太子。

陈后主 （553—604），即陈叔宝，字元秀，南北朝时期陈朝末代皇帝（583—589），在位时大建宫室，生活奢侈，日与妃嫔、文臣游宴，制作艳词。

太子陈胤被废掉以后，全国出现了许多奇怪现象：郢州一带下起了黄色的雨；东治地区，有人正铸铁，忽然有一块陨石落入铁炉。这些现象在当时看来都是十分害怕的。陈叔宝想可能是因为废了太子陈胤，老天爷在惩罚自己。于是，就把自己卖身佛寺，每日去做法事。

一天，陈叔宝正和张贵妃还有几位大臣在花园里赏花，忽然有人来报，说："皇上，不好了，隋文帝杨坚派二儿子晋王杨广来攻打我们了，共有五十万兵，分八路，现在已经到长江北岸了。"长江，自古以来，像一道天然的屏障，挡住南北进攻的军队。长江水流又较急，水面也宽。所以，要想渡过长江，是很困难的。陈叔宝不相信杨广能飞渡长江，就满不在乎，接着和张贵妃饮酒赏花。

第二天早晨，有太监慌慌忙忙跑进来，报告说："隋将韩擒虎从采石、贺若弼从京口渡过长江，向建康城攻来了。"

情急之下的陈叔宝连忙召集文武百官，商量如何打退隋兵。但是，当时朝政腐败，文武大臣们都很无能，竟没有人敢带兵出战。陈叔宝又气又急，这时，车骑将军、岭南徐州刺史绥远公、老将军萧摩诃站了出来，他愿带领三军去打退隋军。陈叔宝非常高兴，说："等你出征后，我派人让你的妻子和儿子进宫，我要加赏封号，赏给他们金银。"

韩擒虎 (538—592)，原名擒豹，字子通，河南东垣(今河南新安县)人，隋朝名将。

萧摩诃带兵出征后，他的妻

子和儿子入宫受赏。陈叔宝一下看中了萧摩诃新近娶的年轻貌美的妻子，就把她留在了宫中。萧摩诃离开建康，在白土岗布下了一字长蛇阵，正要开战时，忽然听到妻子被留宫中的消息，萧摩诃气得昏倒在地。结果陈军乱成一团，不战自败。

第二天，隋军包围了建康城，守城的将士不战自降，打开城门，放隋军入城。文武百官都各自逃命了。

陈叔宝这时还在后宫，听到喊杀的声音，知道大势已去，就拉着张贵妃和孙贵嫔逃往景阳殿。

隋将韩擒虎冲入宫中后，派人到处找陈叔宝。后来，在井里找到了三个人。韩擒虎杀死了两个皇妃，把陈叔宝绑起来带走了。陈朝也随之灭亡，隋朝统一天下，全国复归统一。

杨广弑父夺皇位

隋文帝的长子杨勇因为生活越来越奢侈，为人越来越骄横，很不得皇帝皇后欢心，因此他的太子地位越来越不稳固了。

与此同时，隋文帝的二儿子晋王杨广为了得到太子之位，便使尽计策讨文帝欢心，故意让自己的姬妾打扮得朴素从简，又假装远离声乐。文帝还真以为他如表面上所表现的一样。

有一次，杨广外出打猎，遇到大雨，侍从给他送上油衣（雨衣），他坚持和士兵们一样淋雨。

杨广知道皇后不喜欢杨勇，便对皇后身边的人极力讨好，并且还去广泛地结交大臣，并招纳贤才、笼络人心。以此来博得皇帝皇后的信任。

有一次，杨广要离开长安回扬州，去辞别皇后的时候，他故意装出难舍难分的样子，哭哭啼啼的，说太子要害他，他怕再也见不到母后了。皇后非常气愤，越发地恨杨勇。

杨广回到扬州，就开始秘密策划谋取太子地位。他的部下宇文述提议从越国公杨素处下手，因为皇帝最信任杨素，要有他的支持改立太子这事肯定能成。

杨广同意了宇文述的建议。于是宇文述来到了长安，找他的故交杨素的弟弟杨约帮忙。故意把许多珍宝古董以赌博的形式输给了杨约。并向杨约分析说："虽然你和越国公富贵已极，可还很难说能永保富贵。越国公执掌大权多年，不知得罪了多少人。况且又多次与太子有所冲突，一旦皇上去世，太子登基能饶过他吗？"杨约忙问："您有什么高见？"宇文述贴在杨约耳边说："皇上皇后有意要废除太子，改立晋王，这全仗您一句话了。事成之后，晋王一定感激您。您的富贵还愁不长久吗？"杨约连连点头。

杨约把宇文述的话告诉了杨素，杨素思量之后同意了，答应马上行动。

过了几天，杨素便对皇后说：“晋王对皇上皇帝很有孝心，还能够勤俭节约，很像皇上。”接着又说了一通太子的坏话。杨素的话正合皇后的心思，皇后便让他想办法废太子，立晋王。隋文帝派杨素去看望太子，杨素故意拖延着不去，想激怒太子，太子果然大怒。杨素回去对隋文帝说：“太子怨恨陛下，我去的时候他正在发脾气，恐怕会发生意外，陛下得多加防范。”隋文帝信以为真，派人监视杨勇。

杨素　(?—606)，字处道，弘农华阴(今陕西华阴)人，隋朝权臣、诗人，杰出的军事家、统帅。

杨广又收买了太子的亲信姬威，姬威写表揭发说太子经常找人占卜，看他什么时候能登大宝，隋文帝看了之后，心痛地说：“想不到杨勇心肠这样狠毒！”于是下令把杨勇抓起来。

600年，隋文帝贬杨勇为庶人，立杨广为太子。

四年以后，隋文帝得了重病。杨广便写信给杨素，询问应该怎样处理隋文帝的后事。没想到这件事竟被文帝给发现了，文帝勃然大怒，立即召杨广责问。

这时候，隋文帝的妃子陈夫人慌慌张张跑了进来，哭着向隋文帝说：“太子无礼！”原来杨广见陈夫人长得漂亮，趁陈夫人换衣服的时候跑去调戏。这真如火上加油，隋文帝即要废杨广，重新立杨勇为太子，命大臣柳述、元岩写诏书。

谁知改立太子之事走露风声，杨广和杨素带兵包围了仁寿宫。他们假传皇帝命令逮捕柳述和元岩。随后，又用自己的人马代替了仁寿宫隋文帝的卫士，把守住宫殿的各个出入口，并命令照顾隋文帝的人一律离开，由右庶子张衡负责一切。大家刚刚走开，只听见殿内一声喊叫，过了一会儿，张衡出来说："皇上早已死了，你们为什么不及时禀报？"宫内外的人大惊失色，可是谁也不敢说什么。就这样，隋文帝被杨广、杨素一伙害死了。随后，杨广派人给杨勇送信，说皇上有遗嘱，要杨勇自尽。还没等杨勇回答，派去的人就把杨勇拉出去杀了。

这年七月，杨广即位，即隋炀帝。

玄武门之变

唐朝建立以后不久，李世民和皇太子李建成之间，就为争夺皇位展开了激烈的斗争。

本来，唐朝的建立，李世民出力最多，功劳最大，他又网罗了尉迟敬德、秦叔宝、徐世勣、李靖这些著名将领，广泛结交知名人士，像房玄龄、杜如晦等著名的十八学士，都成了他的谋士。所以，他的势力无人能比。李建成在太原起兵之后，也统领一支军队，打过一些胜仗，虽然没有李世民那样雄厚的实力，但是，因他身为太子，使得一大批皇亲国戚聚集在他的周围；他长期留守关中，在京城长安一带有坚固的基础，甚至宫廷的守军（玄武门的卫队），都在他的控制之下。另外齐王李元吉一直是他的支持者。

唐高祖李渊昏庸无能，他见李世民威信一天比一天高，十分不满。一次，李世民把一块好地分给了淮安王李神通，得罪了高祖宠爱的妃子张婕妤，被高祖训斥了一通。唐高祖另一个宠妃尹德妃的父亲尹阿鼠，无缘无故地把李世民的谋士杜如晦痛打一顿，还恶人先告状，说李世民唆使部下打他。唐高祖听了以后，不问青红皂白，又把李世民给骂了一顿。从此，唐高祖就疏远了李世民。李建成趁机加紧和李元吉、张婕妤、尹德妃的勾结，想暗害李世民。

有一次，李建成、李世民、李元吉跟随唐高祖到城外打猎，唐高祖让他们骑马比箭。李建成故意让李世民骑他的一匹难以驯服的烈马，李世民刚骑上马，马就狂蹦乱跳起来。李世民急忙跳下，等马安静了，再骑上去。谁知刚一上马，马又蹦跳起来。这样反复了三次，李世民才制服了这匹烈马。他骑在马上，对旁边的人说："有人想用这匹马害死我，岂不知，死生有命，怎么害得了呢？"李建成听了，就添枝加叶地对张、尹二妃说："秦王太狂妄了，他说天命在他身上，一定要坐天下的，不会轻易死掉！"张、尹二妃又把这话告诉了高祖。高祖立即召见李世民，责备他说："坐拥天下是上天注定的，不是你要点手段能当得上的！我还没死，你为什么那么心急呢！”李世民再三解释，高祖不听，拍着案子发脾气。正在闹着，外面送来情报，说突厥入侵。高祖要靠李世民打仗，所以马上改变了态度，这件事才算平息下来。

李建成一计不成，又生一计。一天夜里，他请李世民喝酒，想用药酒毒死李世民。李世民毫无戒心，拿起酒杯一饮而尽，突然感到胸口疼痛难忍，接着就大口吐血。幸好淮安王李神通在场，把李世民背回西宫。

李建成还用金银财宝收买秦王府的武将，又鼓动高祖把李世民的心腹谋士一个个调到外地。矛盾就要由明争暗斗发展到兵戎相见的地步。

李建成和李元吉策划，利用抵御突厥入侵这个时机，先夺了李世民兵权，等出征的时候再把他杀掉。李建成在唐高祖面前推荐李元吉代替李世民北征。高祖答应了。李元吉又请求秦王府的尉迟敬德、程咬金、秦叔宝等猛将归他指挥，并调李世民部下精锐士兵充实自己的部队，高祖也都一一同意了。李建成以为自己安排得十分周密，其实，这消息很快就传到李世民那里。李世民急忙找来长孙无忌、尉迟敬德等人商量对策，大家都主张立即动手，先发制人。

秦琼（571—638），字叔宝，齐州历城（今山东济南）人，唐朝开国将领，凌烟阁二十四功臣之一，与尉迟恭为传统门神。

【汉宫春晓】卷 局部 ［明］仇英　中国台北故宫博物院藏　　23－5

【汉宫春晓】卷 局部 [明] 仇英 中国台北故宫博物院藏 23-5

唐高祖武德九年（626）六月的一天，李世民上朝去控告李建成和李元吉，揭发他们在后宫胡作非为以及与张婕妤、尹德妃的暧昧关系。高祖大吃一惊，认为值得怀疑。李世民说：“不但如此，他们还几次想谋害我。如果他们得逞，儿就永远见不到父皇了！”说完哭了起来。高祖决定次日让他们当面对质。

当天夜里，李世民调兵遣将。第二天一早，他亲自率领长孙无忌等人，埋伏在玄武门附近。张婕妤听到了风声，马上派人报告李建成。李建成找李元吉商量。李元吉说：“我们应该赶快把兵马布置好，称病不去上朝，观察一下动静再说。”李建成说：“怕什么？内有张、尹二妃照应，外有自家军队守卫玄武门，能把我们怎么样？我们一起上朝去，看看情况再说。”说完两人骑马进入玄武门。

守卫玄武门的将领叫常何，原来是李建成的心腹，但是已经被李世民收买过去了。李建成和李元吉走到临湖殿，发现情况异常，立即掉转马头，往东宫跑。只听有人喊道：“太子、齐王，为什么不去上朝？”李元吉回头一看，不是别人，正是对头李世民。他急忙取弓搭箭，一连向李世民发了三箭，都没射中。李世民对准李建成回射一箭，只听嗖地一声，李建成从马上摔下来，断了气。李元吉急忙向西逃去，迎面碰上尉迟敬德，又掉转马头往回跑。忽然一阵乱箭射来，李元吉趁势滚下马鞍，往附近的树林里钻，正巧遇见李世民。仇人相见，分外眼红，李元吉骑到李世民的身上，夺下了弓，动手去扼李世民的脖颈。就在这万分危急的时候，尉迟敬德骑马赶到了。李元吉放开李世民拔腿就跑，尉迟敬德一箭把他射死了。

玄武门外，人喊马嘶，原来是东宫的大将冯翊、冯立，齐府的薛万彻带着二千多人，正在攻打大门。大力士张公瑾一个人用身子顶着门，外面的人没能攻进来，守卫玄武门的敬君弘、吕世衡两位将军挺身出战，先后战死。东宫、齐府的士兵又去攻打秦王府，情况十分危急。这时候，尉迟敬德提着建成、元吉的脑袋赶来，大喊道："奉圣旨讨伐二贼，你们看，这就是他们的头，你们还为谁卖命？"东宫、齐府官兵见两颗血淋淋的人头，果然是建成、元吉的，就一哄而散。

三兄弟在玄武门血拼之时，唐高祖正带着大臣、妃子在海池中乘船游玩。忽然看见岸上有一个全副披挂的将军，匆匆赶来，就问："来的是什么人？"只见那位将军跪在地上说："臣就是尉迟敬德。"高祖又问："你来这里干什么？"尉迟敬德说："太子、齐王叛乱。秦王恐怕惊动陛下，特地派臣来护驾。"高祖大吃一惊，忙问："太子、齐王现在何处？"尉迟敬德说："已经被秦王杀死了。"高祖十分难过，吩咐游船靠岸，回头对裴寂等人说："想不到会有今天这样的事发生，你们看怎么办？"左右的大臣听到建成、元吉已死，旁边又有一个这样凶猛的将军手拿兵器守候着，他们就顺水推舟做个人情。萧瑀、陈叔达说："建成、元吉本来就没有大功，秦王功德盖世，深得人心，理该立为太子。"高祖说："我本来也是这样想的。"尉迟敬德忙说："外面还没有完全平静，请陛下降旨，要各路军队都接受秦王指挥。"高祖立即派人传旨结束了这场政变。

三天之后，唐高祖宣布秦王李世民为太子，国家大事一律由太子处理。这年八月，唐高祖被迫让位，自称太上皇。李世民当了皇帝，就是唐太宗。第二年，改年号为贞观。

文成公主入藏

正当唐朝繁荣发展的时候，在西藏高原上，出现了一个强大的少数民族政权——吐蕃。

吐蕃人是藏族的祖先，他们能征善战，不怕牺牲，生活在青藏高原上，过着农耕和游牧的生活。吐蕃人的首领称为"赞普"，意思是雄壮强悍的男子。

大约在 629 年，吐蕃人沧赞弄囊统一了西藏各部，后来，吐蕃毗王族的残部发动叛乱，沧赞弄囊被毒死了。令人惊奇的是他年仅十三岁的儿子松赞干布，担负起了国仇家恨的重任，在中小贵族的帮助下，平定了叛乱，维护了吐蕃王朝的统一。松赞干布做了赞普之后，把都城迁到逻些（现在的拉萨），制定官制和法律，创立国有王田制度，建立了强大的奴隶制政权。

由于松赞干布钦慕唐朝文化，于是在634年，他第一次派遣使臣前往长安访问。唐太宗很快就派使臣回访。从此，汉藏两族关系越来越密切了。

为了更进一步取得与唐朝的友好关系，松赞干布派使臣来到了长安，向唐朝皇室求亲，太宗拒绝了。但使臣为了好向松赞干布交差，便捏造了事实，从而导致两国关系恶化，并扬言“不嫁公主，军队即到”，太宗盛怒之下派兵讨伐吐蕃，松赞干布大败，收兵退回逻些。

松赞干布看到唐朝这样强大，既畏且敬，想通婚的愿望更加的强烈。于是在640年，他派大相禄东赞再次来到长安。据说当时有多国使臣均到长安求亲，因此太宗决定考考他们，再做决定。

唐太宗把各位使臣请到宫里，拿出一颗九曲明珠和一束丝线，对他们说：“你们中谁若能将丝线穿过这九孔明珠，就将公主嫁给谁的国王。”原来，这颗明珠有两个相通的珠孔，一个在旁边，一个在正中，中间的孔弯弯曲曲，要想用一根软软的丝线穿过去，非常困难。几位使臣拿着丝线直发愁。禄东赞很快就想出一个办法，他将一根马尾鬃拴在蚂蚁的腰上，把蚂蚁放到九曲明珠的孔的一端。一会儿，这只蚂蚁便拖着鬃从另一端的孔

天竺人面纹青铜壶

中钻了出来。禄东赞再把丝线接在马尾鬃上，轻轻一拉，丝线就穿过了九曲明珠。唐太宗见禄东赞这样聪明，很高兴。

接着，唐太宗又让他们将两个马圈里的一百对母马和马驹找亲，即辨认出它们的母子关系来。其他几个使臣束手无策，只有禄东赞想出了办法。他运用吐蕃人民在游牧方面的丰富经验，让人暂时不给马驹吃草和饮水。过了一天，他把母马和马驹同时放了出来。只见母马嘶叫，马驹哀鸣，小马驹一个个跑向自己的母亲去吃奶，太宗看后，更加赞赏。

当天夜里，宫里钟鼓齐鸣，皇帝宴请各国使臣入宫看戏。其他几位使臣急忙穿戴整齐赶到宫里。只有禄东赞因初到长安，路途不熟，便在去皇宫途中的十字路口都做了记号，以防回来迷路。看完戏，唐太宗说："你们各寻归路吧，谁能最先回到住处，就把公主许给谁的国王。"禄东赞有记号指引，很快就回到了住处。其他使臣由于不熟悉路线，直到天亮以后才找到住处。

经过五次考试，禄东赞都取得了胜利。唐太宗决定将文成公主嫁给吐蕃赞普。

为了欢迎文成公主入藏，吐蕃人民表现了无比的热情。为了减少公主在旅途中的艰苦，他们在很多地方都准备了马匹、牦牛、船只、食物和饮水，吐蕃王松赞干布亲自率领大队侍从和护卫人员，从逻些起程到青海去迎接。

当时松赞干布以唐皇帝女婿的身份拜见了前来送行的江夏王李道宗，对唐太宗表示感谢，并请李道宗代向太宗问好。松赞干布陪文成公主到了逻些。

到达之日，礼乐齐鸣。吐蕃人民穿着节日的服装，争着去看远道来的赞蒙（藏语王后的意思）。

松赞干布为了纪念唐朝与吐蕃的友谊，按照唐朝建筑的风格，在逻些为文成公主修建了城郭和宫室，就是现在的布达拉宫。

文成公主到吐蕃，不仅带去各种谷物、蔬菜种子，而且带去了工艺品、药材、茶叶及各种书籍。

在农业方面，开始出现了小块的农田，并采用唐人平整土地，防止水土流失的方法。在居住方面，人们开始建造房屋，并非只住帐篷。在衣着上，也渐渐脱下笨重的毡裘而开始穿上绫罗绸缎。因此，还有各种技术的运用，如酿酒、造纸、制墨、纺织等各方面，这些都极大地提高了吐蕃人民的生活水平。

吐蕃过去没有文字，无论什么事都用绳子打结，或在木头上刻符号表示。文成公主劝松赞干布设法造字。于是他指令柔扎布去研究，后来造出了三十个字母和拼音造句的文法。松赞干布认真学习新文字，并把这些字刻在宫殿的石崖上，从此吐蕃有自己的文字。他们用吐蕃文释译唐朝的儒经和佛经，促进了吐蕃当地文化的发展，同时也加强了民族间的融合。

文成公主是一位献身于汉藏两大民族团结友好事业

的伟大女性。直到680年去世，她在吐蕃总共生活了四十年。

女皇武则天

武则天名曌。武则天十四岁时，长孙皇后去世，杨妃为太宗选美女充实后宫，武则天被选入宫，被太宗封为才人，并赐名媚娘。

太宗死了以后，媚娘被送到感业寺出家为尼，高宗李治即位后将她召回宫并封为昭仪，媚娘才貌双全，又颇善权术，因此倍受高宗宠幸。

永徽四年，武则天为高宗生下儿子李弘，宫中地位更是无人能及，当人的权力越来越大时，欲望也会不断地膨胀。又过了一年，她又为高宗产下一女。一天，王皇后来看望小公主，武则天顿生一计。王皇后走后，高宗来看爱女，掀开一看，小公主早已没气，武则天抱着女儿嚎啕大哭，高宗大怒，问谁人来过，大家均说是王皇后。事实不言自明，唐高宗就起了废王皇后，立

武则天 （624—705），中国历史上唯一的女皇帝。名曌，并州文水（今山西文水）人，唐高宗李治皇后。高宗去世后，废掉儿子中宗、睿宗，继位称帝，改国号“周”，史称“武周”。

武则天为皇后的念头。

围绕着要不要立武则天为皇后的问题，朝廷中两派展开了激烈的斗争。一派是以长孙无忌、褚遂良为首的元老重臣，他们坚决反对。一派是以许敬宗、李义府、李勣为首的新贵族，却表示支持。

过了几天，唐高宗问李勣："我打算立武昭仪做皇后，褚遂良他们坚持反对，这事怎么办好呢？"李勣说："废立皇后，这是陛下的家事，何必一定要外人同意呢？"李勣当时任司空掌握军权，唐高宗听出他是支持武则天做皇后的，便下了决心。

655年冬天，唐高宗下诏废了王皇后，立武则天为皇后。武则天一当上皇后，就参与朝政，废除或诛杀先朝大臣，提拔许敬宗、李义府等担任宰相等要职，更是趁高宗生病之际，将朝政揽入自己手中。但武则天将朝政处理的井井有条，甚至比高宗还好得多，威信越来越高。

当时，大臣们把唐高宗和武则天并称为"二圣"。实际上，实权完全掌握在武则天手中，高宗对此深感不安，便立李弘为太子。没想到，武则天竟用酒毒死了李弘，立次子李贤做太子。不久，又把李贤废为庶人，改立三儿子李显为太子。

683年十二月，唐高宗去世，太子李显即位，即唐中宗。武则天以皇太后的身份临朝执政。后又把唐中宗废了，立她的四儿子李旦为帝，即唐睿宗。她不许睿宗干预朝政，一切由她自己作主。

唐朝一些元老重臣对武后专权极为不满，便以“护中宗”为由在扬州起兵。武则天派兵三十万讨平了他们，并杀了徐敬业、裴炎等老臣。

690年，已六十七岁的武则天下诏废了唐睿宗，改国号为“周”，自称“圣神皇帝”，成为中国历史上著名的女皇帝。

武则天称帝以后，想了很多办法挖掘人才。

她鼓励地方官推荐人才,还允许人们自己推荐自己。被举荐之人，只要真有才学，即刻便被重用。此外，她还改革了科举制度。贡生考时，考生不用再黏住自己的名字，表示了对考官的充分信任；并且还开创了殿试，以表皇帝对人才的重视；除了文举的选拔之外，还增设了武举人的选拔。

武则天还不拘一格任用人才。她以修书为名，广泛召集有文才的人到宫里来，让他们对朝廷政治提出意见，并协助宰相处理各地送来的奏章。因为这些人出入宫廷不走角门而走北门，所以称为“北门学士”。由于武则天善于选拔人才，在她当政的时期，人才济济，文武大臣并不比贞观时期少。像李昭德、苏良嗣、狄仁杰、姚崇这些武则天选拔出来的宰相，都是历史上有名的贤相。

武则天当皇帝不久，封她的侄子武承嗣做魏王，还任命他做宰相。从此，武承嗣权倾朝野，无人敢惹，不仅想做太子，还想当皇帝。李昭德看到武承嗣野心勃勃，便劝武则天对武承嗣要严加提防。武则天刚开始还不能接受，李昭德便以“亲子也可能弑父，更何况子侄乎”？来劝说，于是武则天削了武承嗣的权。武承嗣知道自己被革去宰相之职是李昭德所为，便到武则天那里去诋毁他，武则天板着面孔说：“我任用李昭德，才能睡好觉。他能为我效劳。你怎么能比得了他！”武承嗣碰了一鼻子灰，只好退出来。

苏良嗣也是武则天后来任命的一位宰相。他为人耿直，不喜欢逢迎。当时武则天特别宠爱和尚薛怀义。众人都怕他，见之唯恐躲避不及。有一天，苏良嗣在朝堂遇见薛怀义，薛怀义趾高气扬，昂首而过。苏良嗣大为生气，命令左右把他拉下去，打了几十个嘴巴。大家都想苏良嗣这次死定了。没想到，武则天却批评薛怀义说：“你应该出入北门，南门是宰相往来的地方。你不要触犯他们。”

武则天保护直言敢谏的大臣，对她身边的亲近人，加以约束，尽量限制他们的特权，目的是使她的那些皇亲国戚的不法行为有一定的节制，不至于过多地损害她的统治。对于那些被提拔上来的人，武则天对他的监督、控制也很严厉。发现不称职的，不是罢免就是判刑或者杀掉。

所以，她能在唐高宗去世以后局势十分动荡的岁月，稳定自己的统治，客观上起了巩固国家的统一、保持社会安定的作用。

开 元 盛 世

韦皇后与安乐公主的统治越来越不得人心，李隆基与太平公主联合起来，一起发动政变，除掉了韦皇后和安乐公主，拥立李隆基的父亲李旦即位。两年后，李隆基登上帝位，这就是唐玄宗。不久太平公主又想发动宫廷政变，废除李隆基。但是，李隆基先发制人，粉碎了太平公主的篡位阴谋。他将太平公主赐死，并将其余党一网打尽。随即改年号为开元，开始了从开元至天宝年间长达四十余年政局比较稳定的鼎盛阶段。

粉碎太平公主的篡位集团之后，唐玄宗先是流放郭元振，斩杀唐绍，重树皇帝权威，同时礼待自己的同胞兄弟，却不给予实权，减少发动政变的可能性，贬斥那些自认为对他有功而要求权力的人，从而巩固了皇权。之后，他开始整顿朝纲，任用贤能。

姚崇　唐代名臣。原名元崇，字元之。开元元年(713)，因避年号讳，又改名崇。陕州硖石（今河南陕县）人。历事武则天、唐中宗、睿宗、玄宗诸朝，任宰相。

首先，李隆基任命姚崇为宰相。据说，李隆基起先任命姚崇为宰相时，还受到姚崇的“要挟”。姚崇初次见到李隆基时，他正在渭水边上打猎。皇帝让姚崇加入宰相的行列，姚崇没有接受。当时皇帝感到很奇怪，休息时就问姚崇说："你为什么不愿做宰相呢？"姚崇回答道："我要建议十件大事，如果陛下不能实行，那我就不敢接受任命。"李隆基听了姚崇的十大建议以后，觉得非常有意义，就批准了。姚崇也就答应了做宰相。姚崇当了宰相后还做了一件大事，就是主持了开元初年治理蝗灾的工作。当时很多地区发生了蝗灾，遮天蔽日的蝗虫给庄稼带来严重的侵害。姚崇知道如果不能及时遏止蝗灾，不仅经济上会有重大损失，而且也会威胁国家稳定。于是，他亲自指挥，下令各郡县要全力消灭蝗虫。在姚崇的统一部署下，蝗灾终于被遏止。

姚崇之后的宰相宋璟，也是一个非常有才干的人。他一面重视挖掘人才为国家所用，一面绝不徇私枉法，严格要求自己的亲属。有一次，宋璟的远房叔叔宋元超参加吏部的考核时，向主考官表明自己和宋璟的特殊关系，希望能照顾一下，弄个好官儿。宋璟得知后，特地关照吏部不给他官做。

开元时期，不仅仅是皇帝李隆基重视人才的选拔培养，其任用的几位宰相也都善于发现人才，从而形成了一个很好的风气。张九龄出身广东，广东那时候叫做岭南，是还没有开化的蛮荒之地，要是看出身背景，肯定做不了宰相。可是张九龄却受到唐玄宗的重用，而他虽然感激唐玄宗的知遇之恩，却对皇帝的过错不加隐瞒，及时指出。

唐玄宗纳谏的事情，还可以通过他对后来的宰相韩休和萧嵩的态度，有所了解。韩休十分耿直，一发现唐玄宗的过失，就会直言进谏，萧嵩相反，总是唯唯诺诺，顺从唐玄宗。有一次，玄宗照过镜子，显出闷闷不乐的样子，左右内侍说："韩休当了宰相以后，陛下消瘦了，为什么不将他罢官呢？"玄宗严肃地说："我虽然瘦了，但是天下人却一定肥了。萧嵩来奏事，只是顺从我，他走了以后，我心里不踏实，不知道我的处理是否妥当。韩休来了以后，我睡觉却很安稳，因为我知道这件事情肯定能成。我任用韩休，为的是治理国家，而不是为我一人。"

唐玄宗　即李隆基，又称唐明皇，睿宗李旦第三子。与太平公主合谋发动政变，杀韦后，拥其父睿宗即位，被立为太子。延和元年（712），受禅即位，改元开元。

正是由于唐玄宗执政初期重用人才，知人善任，赏罚分明，善于纳谏，办事干练果断，加上一系列合理的政策和规章制度，开元时期，唐王朝政治安定，国力强盛，百姓富庶，经济文化的发展达到了顶峰。其中唐诗最为后人称道，而著名诗人高适、岑参、王维，特别是李白、杜甫都生活在开元时代。其他如音乐、绘画、雕刻等艺术也都有显著成就。此外，唐玄宗还对吏治进行改革，让官员们恪尽职守，尽职尽责。又对兵制进行改革，军事实力日益增强，一度收复了北方与西北的领土，恢复了丝绸之路。历史上把李隆基锐意改革所取得的太平盛世称为“开元盛世”。

安 史 之 乱

742 年，唐玄宗改年号为“天宝”。玄宗设置了十个节度使，负责边境地区的军政要务。其中有一胡人，名叫安禄山，此人长得圆头圆脑，表面上看一副忠厚老实的样子，实际上却心机很深。玄宗被其表面现象所惑，封他为平卢节度使掌握河北北部。

有一次见到太子，安禄山故意不下拜行礼，等众人责备他时他却装傻地问皇帝：“太子是什么官呢？”玄宗说：“等我死了以后，就把皇位传给他。”安禄山赶紧又装作恍然大悟的样子，诚惶诚恐地给太子叩头，并且还装出一副诚恳的样子对玄宗说：“陛下对我恩宠有加，可我是一个粗人，什么都不懂，如果要报答您的话，就希望我能代陛下您死吧！”玄宗感动不已。

安禄山也跟李林甫一样，收买后宫的宫监和嫔妃，替他在皇帝面前说好话。玄宗对安禄山越来越喜欢，就连奸相李林甫也见风使舵，开始拉拢安禄山。李林甫善于揣摸安禄山谈话的意思，安禄山心里想的话还没出口，李林甫就替他说出来了。安禄山越发折服，竟以李林甫为神。有一次在中书省见面，天气很冷，李林甫便把自己的袍子脱下来披在安禄山身上。安禄山对李林甫很感激，亲热地称之为“十郎”。安禄山在范阳，要经常派使者去京师奏事。如果使者传达的是李林甫的好话，安禄山就大为高兴。如果使者说：“十郎要你好生察看。”安禄山便失望至极，闷闷不乐。

安禄山是个大胖子，走起路来，十分笨拙。但在皇帝面前跳起《胡风舞》来，却是轻巧灵活。玄宗曾问他：“你肚子为什么这样大？”安禄山笑嘻嘻地回答：“只装着一颗忠诚于皇帝的赤心啊！”玄宗在长安赐给安禄山府第，其规模、设备超过一些王府。

善于装呆卖傻的安禄山看到杨贵妃得宠，就在一次进见玄宗时，先去给杨贵妃行礼叩头，然后再朝拜皇帝。玄宗问他：“你为什么先拜娘娘？”安禄山回答说：“胡人只知有母，不知有父。”玄宗开玩笑说：“那么你方才是拜见母亲！”安禄山便借这个机会认了杨贵妃做母亲，杨贵妃竟然也答应了。接着玄宗就提拔安禄山作御史大夫。

善于伪装的安禄山深得玄宗信任，不久便作了平卢、范阳、河东三镇节度使，手握重兵，同时又暗中征召了许多胡人，为谋反积极地做准备。天宝十四载冬天，以“讨伐奸相杨国忠”为名，从范阳起兵，发动叛乱。安禄山发兵十五万，号称二十万，向南进军，准备大举进攻中原地区，打到长安，推翻唐朝，自己当皇帝。

从天宝年间以来，唐朝的统治已经日益腐朽，加之长久的太平，许多士兵都不知道该如何作战，军纪废弛，毫无战斗力。加上这一带本来就是安禄山直接统治的地区，因此当叛军打来的时候，黄河以北二十四郡很快就被攻克，叛军几乎没有耗费什么气力就占领了在北方的大片领土，简直可以用势如破竹来形容。叛军得逞的消息接二连三地传到长安，这时候，昏庸的唐玄宗才相信安禄山是真的反叛了。他匆忙调兵遣将，增募军队，部署平定叛乱。可仓促之间，拼凑起来的军队毫无战斗力，节节败退。转眼间叛军已经攻过黄河，在安禄山的放纵下，叛军每到一个地方，奸淫掳掠，残害百姓，无恶不作，给人民带来了深重的灾难，生灵惨遭涂炭，社会处于动荡不安之中。

天宝十五载，叛军攻占了东都洛阳，直抵京城长安东边的大门——潼关。接着，安禄山在洛阳自称“大燕皇帝”，建立起反动的割据政权。

马嵬驿兵变

唐玄宗末期，爆发了“安史之乱”，潼关被叛军攻破，长安城岌岌可危，人心慌乱，纷纷逃难，唐玄宗也慌了阵脚，急召群臣商议对策。杨国忠提出“逃向四川”

的主张，并亲自去找他那三个堂妹，让她们进宫去跟贵妃一起劝皇上。玄宗终于耐不住他们的缠磨，同意去四川逃难。杨国忠用陈玄礼护驾，并把资财尽行赏给陈玄礼兵士，将近黎明，唐玄宗与陈玄礼等秘密出宫西逃。随玄宗同行的除贵妃和韩国、虢国、秦国夫人及杨国忠夫妻外，只有一些皇子、公主、皇孙、妃嫔和亲信大臣，其他的人还都蒙在鼓里呢！

皇帝是偷偷走的，群臣一点消息也没收到，等到去早朝时，一切还跟往常一样。突然门开了，一些宫女和太监从内蜂拥而出，一个个狂呼乱叫，说皇上已经走了，但谁也不知道去了哪里，来上朝的寥寥几位大臣也傻了，他们想不到皇上竟这样不负责任，只图自己一走了之，可长安城交给谁管呢。一时间，长安城十一个坊的居民区也纷纷发生骚乱，整个长安城人心惶惶，乱作一团。

玄宗一行人冒雨前行，走得十分缓慢。直到中午，才到达长安以西四十里的咸阳。高力士曾派宫监提前赶到，安排午饭。但到这时不但不见宫监来接，连县令也跑掉了。甚至连吃的也都买不到了，当地的县官也都已经逃

杨贵妃 （719—756），即杨玉环，号太真，蒲城永乐（今山西永济）人。唐玄宗李隆基“父夺子妻”立为贵妃。后因“安史之乱”缢死于马嵬坡。

跑了，只有一些当地百姓拿些粗米来贡献给皇上，俗话说：“饿了吃糠甜如蜜。”这些平日的皇族对这些粗米饭竟然狼吞虎咽。晚上在驿站里歇息，人多地方小，又没有灯，大家挤在一起，头挨头，脚碰脚，互相用身子当枕头，胡乱睡了半夜。有些受不了苦的偷偷离开唐玄宗，各自寻找出路去了。

三天后，玄宗一行人来到马嵬驿。这里的人也全都逃光了，玄宗暂且在此栖身；士兵们怨言四起，都怨恨杨国忠，碰巧有几名吐蕃使者在驿馆外与杨国忠谈话。有个军士故意喊：“杨国忠勾结吐蕃，想谋反啦！”士兵们齐声喊起来，有人向杨国忠射了一箭，杨国忠见势不妙，急忙逃跑。几个士兵追了过去，一刀把他砍死了，用枪尖挑着他的脑袋，走了出来。军士们大声喊好。韩国夫人、秦国夫人全部被杀，御史大夫魏方进猝不及防也被士兵一刀砍死。

士兵们群情激愤，纷纷要求唐玄宗处死杨贵妃，玄宗想为贵妃求情，无奈将士们情绪十分激动，稍不小心，便会引起哗变，此时高力士劝玄宗要以稳住军心为重。

在士兵们的叫嚷声中，玄宗倚着门框，苍白胡须轻轻抖动。他在想：“难道贵妃真的没有过错吗？就是自己这个当皇帝的，难道对今天的事就没有责任？”他这才知道人们对杨家兄妹的积怨实在是太深了，今天，他尽管还是个皇帝，却已经无能为力……他无可奈何地对高力士说：“这件事就由你去办吧！只是不要用刀剑。”高力士屈一膝跪下说：“这个，奴才晓得！”绝代美人杨玉环被高力士用丝带勒死在马嵬驿中，卒年三十八岁。

杨贵妃与杨国忠被处死后，杨国忠的家人都纷纷逃跑了，杨贵妃的姐姐虢国夫人和杨国忠的儿子、妻子等一起逃到了陈仓县，结果被县令逮捕，一并杀了。

这样，马嵬驿的一场哗变才平息下来。

唐玄宗整顿队伍继续逃跑，太子李亨在朔方即位，号为唐肃宗，改年号为至德，唐玄宗成了太上皇，唐肃宗开始主持军事积极平叛。

陈桥兵变

赵匡胤，祖籍涿州（今河北涿州），自幼好武，二十三岁时投入后汉枢密使郭威的帐下。赵匡胤作战勇敢，每战必冲锋在前，逐渐成了郭威的心腹。

郭威称帝后，改国号为周，历史上称为后周。赵匡胤因参与兵变有功，被提拔为东西班行首，拜滑州副指挥，但还没等他去就任，郭威的义子柴荣调为开封府尹，柴荣深知赵匡胤的才干，就力荐他为开封府马直军使。这样，赵匡胤就成了柴荣的左膀右臂。同年，郭威病死，柴荣继承皇位，即周世宗。赵匡胤继续掌管禁军。

显德六年(959)六月，周世宗去世，年幼的柴宗

柴荣 (921—959)，邢州尧山柴家庄人（今河北邢台隆尧）。五代时期北周皇帝，后周世宗皇帝，在位五年，终年 38 岁。

训继立为帝，自然不能担负起国家重任。军政大事，全部交给一帮大臣负责。当时的文官，以范质、王溥为首，武将之中，侍卫亲军副都指挥使韩通资历最深，但他有勇无谋，并不能服人。与之相反，赵匡胤虽然与周世宗关系深笃，战功也很显赫，但一直谦虚待人，有功必赏，有过必罚，因此，将士们对他都心悦诚服。

显德七年（960）正月，河北镇州、定州传来急报，说是北汉又会合了契丹，向后周进攻了。宰相范质、王溥等急忙商议，决定派赵匡胤率军前去抵御，这就给了赵匡胤一次难得的发动兵变的机会，军队刚刚调动，开封城中就出现了“将以出军之日，策点检为天子”的舆论，而具体策划的不是别人，正是赵匡胤的弟弟赵匡义和亲信赵普。正月初三那天，赵匡胤统率军队离开开封，当晚到达开封东北四十里地的陈桥驿。

这天晚上，将士们纷纷议论：“皇上幼弱，我们拼命为国效力，有谁能知道呢？不如拥戴点检为天子，然后北征不迟。”当时，都押衙李处耘听了大家的意见，非常高兴，马上汇报给了赵匡义和赵普，经过赵匡义和赵普的积极策划，许多将士的兵变情绪就被调动起来了。

第二天黎明，通宵环立在陈桥驿馆外的将士们突然齐声呼叫，闹成一片。从梦中惊醒的赵匡胤才欲出门，迎面赵匡义和赵普先闯了进来，身后跟着一个个手握兵器的将士。

“诸将无主，愿意拥立太尉为天子！”众人一起喊道。赵匡胤未及回答，已被大家拥到厅堂，当时就有人把一件预备好的黄袍，披在赵匡胤的身上，无数的将士立即跪地向他高呼:“万岁！万岁！”这就是历史上的“陈桥兵变”。

赵匡胤登上帝位之后，改封柴宗训为郑王，因为赵匡胤在后周任归德军节度使，封地在宋州，故改国号为宋，仍定都开封，史称北宋，赵匡胤就是宋太祖。

澶渊之盟

宋太宗曾几次北伐，想收回当初石敬瑭献给契丹的燕云十六州，但都没有成功。王小波、李顺起义以后，宋太宗改变了其内外政策，对辽由攻转守，放弃了以武力收复燕云的打算。而辽朝却利用其骑兵优势，不时地对宋朝的边境进行侵扰。

1004 年八月，辽朝萧太后和辽圣宗亲率二十万大军南下，辽军采取避实就虚的策略，绕过许多宋军坚守的州县，直趋黄河边的澶州（今河南濮阳），大有进逼北宋都城开封之势。当时宋太宗已死，继位的是他的儿子宋真宗赵恒。

宋真宗闻报色变，连忙召集群臣讨论御敌方案。朝中大臣在如何对付辽朝进攻的问题上，出现了主张迁都逃跑与坚决抵抗两种对立意见。副相王钦若是江南人，主张迁都金陵州（今江苏南京）；陈尧叟是四川人，主张迁都益州（今四川成都）。

宋真宗举棋不定，急忙向新任宰相寇准征询意见。寇准明知端底，却装做不知，故意当着两位副相的面说："谁给陛下出这种坏主意，应当斩他们的头！"寇准接着分析了形势，指明了利害，提出让宋真宗应亲往澶州前线督师，以振士气的决策。

十月，宋真宗终于在寇准等人的催促下，起驾北征。出了汴京，还没到达黄河南岸，这位怯懦的皇帝就害怕了，又想迁都。寇准再次指出："现在敌人已经迫近，人心动荡，陛下只能进尺，不可退寸。前进则士气百倍，敌人闻风丧胆；后退则万众瓦解，敌人趁势进攻，不仅汴京失守，恐怕陛下连金陵都去不了了！"宋真宗无奈，又勉强起驾北行。到了黄河岸边，他又开始退缩了。在寇准等人的再三请求下，宋真宗才渡河抵达北岸。

守卫澶州的宋军听说皇上亲自出征，全军顿时士气高涨，打退了辽军的多次进攻，并打死了辽国大将萧达兰。宋真宗到达澶州北城，更使宋军士气大增。辽军的南侵，原是以掠夺财物和进行政治讹诈为目的，等到侵入宋境后，因阵前受挫败，就表示愿与宋朝议和。

接到辽朝的求和书，寇准立即提出，求和可以，但必须归还燕云十六州，否则兵戎相见，一决雌雄。但是，宋真宗本来就害怕同辽兵作战，这时见议和有希望，他只盼辽军能够尽快北撤，于是不顾寇准的建议，急派大臣曹利用出使辽朝。

寇准　(961—1023)，北宋政治家、诗人。字平仲，华州下邽（今陕西渭南）人。淳化五年（994）为参知政事，其政治才能深得宋太宗赏识，封莱国公。宋仁宗天圣元年病死于雷州，谥号忠愍。

临行时，宋真宗特别嘱咐曹利用说：“如果他们要赔款，迫不得已，就是每年一百万也答应算了。”寇准得知后，立即召曹利用到军营，说：“圣上虽有旨意，但你答应辽人的岁币不得超过三十万，否则，我就砍掉你的脑袋！”

1005 年一月，和议达成。双方约定，宋辽互称兄弟之国，辽圣宗耶律隆绪称宋真宗赵恒为兄，但是，“哥哥”每年要送给“弟弟”岁币三十万（包括绢二十万匹、银十万两）。这次宋辽和盟是在澶州城下签订的，澶州为古澶渊郡，因此历史上就把这次和议称为“澶渊之盟”。

曹利用回到行营，宋真宗正在用饭，没有立刻召见，但急于知道和议结果，就叫侍者出来询问曹利用赔款的数目。曹利用坚持要面奏真宗，侍者说：“陛下着急，你先说个大况。”曹利用一脸无奈地伸出了三个手指，侍者见他用三个手指支着脸，回报时就说：“大概是三百万吧！”宋真宗吃了一惊，失声道：“太多了！”既而又说：“姑且了却此事，三百万就三百万吧！”

真宗吃完饭，就让曹利用进来详细汇报，当真宗知道银绢的数字是三十万的时候，高兴极了。

对宋朝来说，“澶渊之盟”是一个屈辱妥协的和约，不过，从中华民族的发展史来看，“澶渊之盟”的订立，却结束了宋辽之间连续四十余年的战争，使此后的宋辽边境长期处于相对和平稳定的状态，对南北经济文化的发展和提高是十分有利的。

王安石变法

宋朝自从赵匡胤开国做了太祖皇帝，经过太宗、真宗、仁宗、英宗，到神宗这里，是第六代皇帝了。这时宋朝的政治已经很腐朽了；官僚、机构庞大，战争频仍，而且每年都要向辽交纳岁币，国力微弱，百姓所受的盘剥日趋严重，各地起义频繁爆发，社会矛盾日益加剧。另外，官吏们玩忽职守、敷衍了事，而且贪污成性、生活奢侈。如果不进行彻底改革，宋朝的统治就要走向灭亡。

在仁宗的时候，范仲淹曾经推行过“庆历新政”，可惜实施了不到一年，就遭到大官僚、大地主的攻击而失败了。眼看政权体系日益腐化，宋神宗时期，皇帝任用王安石主持变法，历时二十余年，这次变法意义极为深远。

王安石 (1021—1086)，字介甫，晚号半山，封荆国公，世人又称王荆公。北宋杰出的政治家、思想家、文学家。

王安石，字介甫，是江西临川人。王安石出身在一个小官员家庭，他的父亲做过类似县令的官，为人正直，处理案件很公正，所以经常被人排挤，从一个地方调到另一个地方。王安石从小喜欢读书，经史子集无一不通，甚至吃饭、睡觉都手不释卷。

王安石当官首先做的是鄞县县令，当时王安石领导百姓疏通河渠，把鄞县从贫困落后的状态改善成山清水秀的鱼米之乡。

王安石还在青黄不接的时候，用官府的粮食贷给百姓，只收一小部分利息，这样就使农民免受高利贷之苦，还使官府增加收入。

为了感谢王安石为人民做出的巨大贡献，鄞县的老百姓给他修了一座神庙，每年都在一定的日子里纪念他。

1068年，十九岁的宋神宗赵顼执政。神宗志向远大，总想有一番作为。

宋神宗对王安石关注很久，知道他是个有才华的人，与王安石一聊，两人很是投机，所以神宗对王安石很信任，第二年便任命他为副宰相，主持改革。从此以后，王安石主持变法，轰轰烈烈进行了十几年，直到宋神宗死去。

王安石认为当时最重要的事情，就是改变社会风气，建立完善法律和制度。先后制定颁布了“青苗法”“免役法”“农田水利法”等措施。

“青苗法”的实施来源于王安石在鄞县做官的成功案例。老百姓一年里可以向地方官府借两次钱，半年以内归还。借一千钱，就得还一千二百钱。虽然要付不少的利息，可是这比借高利贷要合算得多。这项措施使放高利贷的地主官僚们极为愤恨，因为断了他们高利贷的收入，但他们对此又无可奈何。

“免役法”规定，政府收取服役人家的免役钱，用这些钱雇人服役。不论是老百姓还是地主、官僚都要交钱，这就减轻了人民的劳役负担，保证农民有充足的劳动时间。

“农田水利法”是政府鼓励各地兴修水利发展生产的一项措施。国家对积极修筑堤坝河渠的人，要给予奖励，并且向缺少资金的地区提供低利息的贷款。

除此之外，还有“方田均税法”，在全国重新丈量土地，均担税赋，在军事上实行“保甲法”，有效地控制了人民，充实了军队。

这些“新法”的实行，限制了大官僚、大地主的政治和经济特权，增加了国家的财政收入，整顿了军队，使宋朝弱小贫困的局面得到初步的改变。

可是，从改革一开始，王安石就遭到大官僚、大地主的攻击。以前“庆历新政”的支持者富弼也出来极力反对，并一再在宋神宗面前诬蔑王安石。另外一些保守的官吏，为了自己的利益，更是不断写文章骂王安石，甚至编造许多谣言，破坏他的名声。

宋神宗执政后的第六年，全国发生自然灾害，有人绘制一幅“流民图”陷害王安石，说是变法造成的“恶果”。

神宗看了“流民图”，想到变法以来那么多人告王安石的状，而且他害怕得罪宫里两个太后，因为她们老是在他面前说“祖宗的法规不可以改变”，于是就罢免了王安石的宰相职务，让他去江宁休养。

等到王安石再次当上宰相主持大局时，他的心绪已经大变，尤其是痛丧其子，更是让他郁郁寡欢，终于在1076年，王安石又辞官回到江宁养病去了。

王安石两次下台，使变法遭受了巨大的打击。神宗死后，代表保守派的官僚和地主的司马光上台，废除了新法。至此，王安石变法结束了。

赵构称帝

南宋第一个皇帝高宗赵构是宋徽宗的一个小妃子生的，在皇室中地位很低，很不被人看重。当金国打到京城汴梁的时候，宋钦宗就把赵构送到金营里，把他当作人质，和金军议和。但是，金军认为赵构不重要，要求另外换个人质。赵构就被放了出来。后来，赵构又被派往外地去招集人马，要和金军打仗。因此金兵攻破汴梁时没有抓走赵构。

金军押着两个宋朝皇帝和其他人回北方去的时候，北宋有个大将名叫宗泽，正在河北和河南接壤的地方和金军打仗。他听说皇帝被抓走了，就想把皇帝抢回来，但是没有成功。

那时候，北宋虽然灭亡了，但还有很多的土地没被金军占领。宗泽认为，国家不能没有皇帝，而赵构是唯一留下来的亲王，只有拥立他做皇帝了，宗泽就把他的想法告诉了赵构。

那时候，金国已经让北宋的一个奸臣张邦昌当了皇帝，来统治宋朝的地区。但是，北宋原来的大臣都不服张邦昌。张邦昌只好宣布退位，请赵构即位当皇帝。

1127 年的阴历五月初一，赵构就在南京应天府即位做了皇帝。他的年号叫建炎。赵构就是宋高宗。因为他建立的宋朝在南方，历史上就把这个宋朝叫南宋。

宋高宗赵构同他的父亲和兄长一样，仍然是对金妥协投降。他当了皇帝不久，就派人到金国去，答应把一大片土地送给金国。可是朝廷中还有很多忠臣，他们都不愿意投降，主张抗金救国。宋高宗为了稳住他的皇位，只好把主张抗金的大将李纲请到朝廷中当宰相，装出他也要和金国打仗的样子。

宋高宗赵构很害怕金军，他不仅不把都城迁回汴梁，还要把都城从应天府迁到长江以南的江宁。他以为这样就可以以长江为天险，挡住金军的进攻，做他的小朝廷的皇帝。

但是，宰相李纲是个热爱国家的人。他向宋高宗提了十条建议，希望他奋发图强，收复失地，拯救自己的国家。李纲劝宋高宗要用有才干的人做官，驱逐朝廷中的奸臣，为抗击金军做准备。

李纲的建议完全是为宋朝的天下着想。但是，宋高宗根本听不进去。他和他的父亲宋徽宗和哥哥宋钦宗一样，只想保住现在的安稳，不想收复被金军夺走的土地。另外，还有许多奸臣在高宗面前老说李纲的坏话，

宋高宗 （1107—1187）即赵构，字德基。宋徽宗第九子。宋南渡后，即位，改元建炎，迁都临安。后以秦桧为相，杀岳飞，与金媾和，奉表称臣。在位36年。

渐渐地，宋高宗觉得李纲在朝廷让他很不舒服，就干脆罢免了李纲，不让他当宰相了。

群臣听到李纲被赶出朝廷的消息后，非常生气。他们在太学生陈东、进士欧阳彻的带领下，联合给皇帝上书，要求召回李纲。宋高宗看这么多的臣子都和他作对，非常气愤，下令把陈东和欧阳彻杀掉了。

1127年十月，宋高宗与黄潜善、汪伯彦等人，自动放弃应天府，把新建的南宋朝廷迁往扬州。

岳家军大破兀术

金军大将兀术被韩世忠、岳飞打败以后，又在陕西和尚原被吴玠的军队打得大败。金军只好退回北方去。但这时，南宋的朝廷又出了一个大奸臣，名叫秦桧。他和宋高宗勾结起来，乘机和金国议和。1139年正月，南宋和金国就订立了一个协议。这一年是宋高宗绍兴九年，所以就把这一次和议叫做“绍兴和议”。和议说：宋高宗向金国自称是臣子；金国把中原、陕西等土地“赐给”南宋。其实，这些土地原来都是南宋的。和议还要南宋每年都交给金国二十五万两银子和二十五万匹绢，然后金国才把宋徽宗和皇后的棺材归还给南宋。

但是，1140年五月，金国大将兀术又带领了大量人马，分成四路军队向南宋发起进攻。他们很快就把中原和陕西全都占领了。接着，金军又开始进攻淮河南面的地区。这可把南宋一些主张抗击金军的将领气坏了。他们就坚决地起来和金军作斗争，要打败金军，不让他们再进攻南宋。岳飞是这些将领中最厉害的一个，功劳也最大。他率领的岳家军把金军杀得丢盔弃甲。

岳飞，字鹏举，老家在河南汤阴。他的父母都是农民。他出生后不久，他的老家下了一场暴雨引发大水。岳飞的父亲就被大水淹死了。岳飞和他的母亲坐在缸中逃了出来。后来，岳飞的母亲就教他识字，还把他送到一个教师家里读书。再后来，岳飞又向他的同乡人周侗学习武艺。他学得很刻苦，十几岁的时候就成为武艺高强的人。北宋末年，岳飞参加了攻打辽国的战争。后来，金军开始进攻北宋，岳飞又去打金军。那一年，他才二十岁。

1127 年，宋高宗即位以后，岳飞就和王彦渡过了黄河。王彦就是八字军首领。他们一起在河南新乡打败了金军，把新乡夺了回来。在八字军向太行山区进军的时候，八字军和金军打了起来。岳飞在战斗中把金军大将拓跋耶乌一把抓了过来。岳飞还用他的长枪把很厉害的黑风大王刺杀了。所以金军都非常害怕他。

有一次，兀术带领金军攻打到浙江定海，在定海烧杀抢劫了一番就要回去。岳飞很生气，就带领军队，在广德这地方拦住了金军，和金军打了六次仗，全都把金军打败了。这可把金军吓破胆了。金军暗地里都叫岳飞为“岳爷爷”。1129 年，韩世忠在黄天荡把金军打得

岳飞　民族英雄，著名军事家、武术家、抗金名将。字鹏举，谥武穆，后改谥忠武。河北相州（今河南）汤阴人。

大败之后，岳飞在建康城外打败了金军，兀术的军队已元气大伤。

1133年，金国派齐国皇帝刘豫进攻南宋。南宋就派岳飞去讨伐刘豫。岳飞特别恨刘豫这个叛徒，他发誓不打败刘豫就不回到江南去。他派出的军队都非常勇猛。经过英勇地战斗，南宋军队终于夺回了六郡的土地。后来岳飞又带领军队打到安徽的庐州，又把兀术和刘豫打得只有招架之功没有还手之力。

岳飞很英勇，又很有谋略，很能用计谋。岳飞很爱护士兵，士兵们都很愿意和他在一起打仗。还有很多人都要参加岳飞的军队。这样，岳家军就越来越壮大，而且常常打胜仗。岳家军慢慢地成为抗击金军的主要队伍。

这一回，金军自己违反"绍兴和议"的规定来打南宋，引起了南宋百姓的不满。南宋朝廷就派岳飞带领军队去河南抵御金军。

岳飞为了打败金军，做了周密的准备工作。他派大将牛皋、杨再兴带领一支军队向北进攻，准备夺回河南的土地。他又派一位名叫梁兴的起义军首领回到太行山区，领导起义军和向北进攻的宋军一起攻打金军。岳飞自己和他的儿子岳云带领宋军守卫在河南的郾城，准备

【汉宫春晓】卷 局部［明］仇英　中国台北故宫博物院藏　23－6

【汉宫春晓】卷 局部 [明] 仇英 中国台北故宫博物院藏 23-6

和金军的主力决一胜负。

这一回,兀术带了十多万的大军要和岳飞决一死战。这大军里有三千多名“铁浮图”和一万多名的“拐子马”。“铁浮图”的意思就是铁塔兵。这些士兵都身材高大,力气大,武艺强,箭法精,头戴着铁盔,身穿两层铁甲,枪刺不透,刀砍不进去,就像铁塔一般,所以就号称“铁浮图”。“拐子马”就是打仗的时候,从两边包围的骑兵,他们都英勇善战。这“铁浮图”和“拐子马”可说是“常胜军”。这一回,兀术就要用他们来打败岳飞的岳家军。

因为精良的部队都被岳飞派出到各地收复失地,岳飞身边只有很少的一些军队。大家看到兀术的军队气势汹汹的,都有点害怕。岳飞叫他们不用怕,他吩咐士兵把军斧绑在长杆上,打仗时不用骑马,都要步战,专砍敌人的马腿,等敌人从马上掉下来了,再砍他的脑袋。他又吩咐另外一些士兵都带上一把钩镰枪。这种钩镰枪有个钩子和一个弯镰,打仗时,先用钩子把敌人的铁盔钩下来,再用弯镰割掉他的脑袋。决战的那一天,南宋军队就用这个办法把金军的“铁浮图”和“拐子马”打得人仰马翻。岳云挥动八十多斤的大锤把兀术打得狼狈而逃。大将杨再兴打仗也很勇猛。他自己一个人杀了几百个金兵,身上负了十几处伤,还坚持杀敌,越战越勇。这一战把兀术的“铁浮图”和“拐子马”杀得血流成河,尸积如山。

几天后，岳飞到郾城北面查看的时候，金军突然包围了他。岳飞马上就要提枪出战。他身边的卫兵都不让他上阵。岳飞想："我身为大将，如果不冲锋在前，怎么能教育士兵勇猛作战呢？"于是，他不管士兵们的反对，就提枪出去杀金兵。士兵很感动，一个个都勇猛杀敌。这一回又把金军打败了。

不甘心失败的金兀术，又发动了十二万大军向岳家军进攻。岳飞知道金军还会再向他们进攻，就派杨再兴去探听敌人的情况。杨再兴走的时候只带了三百名骑兵。当他们走到小商河的时候，碰到了金军的大队人马。杨再兴一马当先冲入金兵当中，杀死了很多金兵。兀术下令放箭，一时间，万箭齐射，杨再兴也中箭身亡。这时，张宪和岳云带领大军赶到，才把金军打败了，金军只好往回逃走。杨再兴死了，岳飞很悲痛，发誓要为他报仇。他率领军队乘胜追到朱仙镇，把金军杀得大败。岳飞勉励将士们说："我要直接打到金人的老窝黄龙府，那时候，我一定同大家痛饮几杯胜利酒。"

岳飞带领岳家军把金军打得就像丧家之犬，金军的将士都说"撼山易，撼岳家军难"。他们只要听到岳家军来了，就吓得掉头逃窜。

成吉思汗统一蒙古

唐朝时候，在我国东北黑龙江上游额尔吉纳河和呼伦湖一带，居住着一个以游牧为生的少数民族，叫室韦蒙兀。室韦是一个很大的部落联盟，室韦蒙兀是其中的一个小部落。到唐朝末期，室韦蒙兀人开始向西迁移，在蒙古高原的肯特山一带定居下来，形成了蒙古部。并且还逐渐繁衍成许多小部，其中乞颜部又是这些部落的核心，乞颜部中的孛儿只斤氏是统治各部的首领。到十二世纪时蒙古高原上除了蒙古部以外，还有强大的塔塔儿部、克烈部、乃蛮部、篾儿乞部、汪古部、翁吉剌部等数以百计的部落，他们之间战争不断。

1162 年（金世宗大定二年），蒙古乞颜部的酋长也速该的妻子诃额仑生了一个男孩。当天，也速该带领部众袭击塔塔儿人，取得了胜利，抓回了两个战俘，其中一个俘虏名叫铁木真，为了纪念这次胜利，也速该把刚刚生下的儿子取名为铁木真。意为“精钢”。

因为蒙古部和塔塔儿部常年互相攻打，所以铁木真的童年和青年时代，是在战争中度过的。铁木真九岁那年，也速该想替他物色一个未来的妻子，当晚，把他带到他母亲的亲戚那里去。途中，也速该遇到了翁吉剌部的德薛禅，德薛禅听说也速该要给儿子定亲，就把自己的女儿孛儿贴说给了铁木真。于是，也速该把铁木真留在德薛禅家里，独自回家去了。但在回家的路上，却遭到了塔塔儿人的暗害。

也速该死后，乞颜部渐渐衰落。过了几年，其他各部担心铁木真长大了会报仇，便对他处处打击，为了避免遭受袭击，铁木真把全家迁到肯特山去居住，并和孛儿贴结了婚，以便取得翁吉剌部的支持。可是，婚后不久，又遇到篾儿乞人的袭击，在仓促逃命的时候，他连妻子也来不及带走，使孛儿贴成了蔑儿乞人的俘虏。

挫折和灾难磨练了铁木真的意志，他决心恢复父亲的事业。他懂得单凭自己的力量是不能战胜敌人的，只有利用蒙古各部之间的矛盾，取得一些部落奴隶主的支持，才能壮大自己的力量，打败敌人。于是，他忍痛把妻子的嫁妆黑貂裘献给克烈部的脱斡里勒汗，称他为义父，又和札答阑部的首领札木合结为兄弟，取得他们的支持。果然，他们联合出兵打败了篾儿乞人，夺回铁木真的妻子。这次胜利使铁木真开始恢复元气，许多旧时的部属、勇士们又纷纷回来了。1189 年（金世宗大定二十九年），一些奴隶主拥戴铁木真为汗。

成吉思汗 即元太祖。孛儿只斤氏，名铁木真。蒙古民族杰出的军事家、政治家。1206 年，进位蒙古帝国大汗（后被尊为元朝开国皇帝），统一蒙古各部落。

铁木真的胜利引起了札木合的不快。正好札木合的弟弟由于抢掠铁木真的马群被蒙古部人杀了，札木合找到借口，便发动了他所属的十三部三万人进攻铁木真。铁木真把自己的三万士兵分成十三翼迎战札木合。双方在克鲁伦河畔的答兰巴勒主惕展开了一场大战，结果，铁木真被打得大败。这就是蒙古历史上著名的“十三翼之战”。但是，由于札木合残酷地杀害俘虏，引起了他部下的不满，他们毅然脱离札木合，投奔到铁木真部下，铁木真却因祸得福，实力更加壮大。

不久，塔塔儿部首领蔑古真反抗金朝，金朝皇帝命令大将完颜襄率兵攻打塔塔儿。完颜襄约克烈部的脱斡里勒汗为主，封铁木真为“札兀忽里”（前线司令官），攻打塔塔儿。这次战斗，铁木真不仅报了仇，还掳获了塔塔儿的部民和牲畜，从此，他的力量更强大了。

1201 年（金章宗泰和元年），铁木真击败了札木合。第二年，又歼灭了塔塔儿的余部。自此，铁木真统一了东部蒙古。

西部的王汗脱斡里勒面对铁木真咄咄逼人的锋芒，感到自己受到威胁，因此双方的关系开始恶化。在1202 年，王汗利用铁木真为其长子求婚之事邀他赴宴，准备乘机把他杀死，不料计谋泄露，王汗立即对铁木真发动突然袭击。铁木真措手不及，只好带着十九个人仓皇逃走。他们退到班朱泥河（沼泽）地方停驻下来。这里没有人烟，没有粮食，他们只得喝浑水止渴，射野马为食。

后来铁木真退到贝加尔湖以东的地方，他一面向王汗求和，一面利用喘息时机，收集溃军。到这年秋天，他的军事实力又恢复了。并趁王汗麻痹之机，对王汗驻地发起进攻。经过三天三夜的激战，占领了王汗的金帐，王汗逃到鄂尔浑河畔之后，被乃蛮人杀死了。

消灭了克烈部之后，铁木真在 1204 年（金章宗泰和四年）夏天，亲率大军出征乃蛮，在一次激战中，杀死了乃蛮部的首领塔阳汗，从此，铁木真的威名震动了蒙古高原，其他部落再也不敢同他争锋了。之后，再经过几年的局部小战争，铁木真就完成了统一全蒙古的大业。

1206 年（金章宗泰和六年），全蒙古的奴隶主们在鄂嫩河畔举行忽里勒台（大聚会的意思），一致推举四十四岁的铁木真为成吉思汗，并且上尊号为全蒙古的大汗。

从此，蒙古族的历史进入了一个新的阶段，结束了几个世纪以来蒙古各部互相残杀的局面。在东起呼伦贝尔草原，西至阿尔泰山的辽阔地域内，具有不同语言和不同文化水平的各个部落，逐步融合形成了勤劳的蒙古族。

成吉思汗统一全蒙古以后，建立了第一个蒙古政权——蒙古国。并在军事、行政、法律、文化等各方面，都开创了一套新的制度。他把全体蒙古牧民编为十户、百户、千户和万户，任命奴隶主为十户长、百户长、千户长和万户长，凡是十五岁以上、七十岁以下的男子，都编为士兵，平时生产，战时打仗。他任命失吉忽秃忽为“札鲁忽赤”（断事官），把民事和刑事案例编成“札撒”（习惯法）；他还委派兀孙老人掌管宗教事务；命令畏吾儿人（现在的维吾尔族）塔塔统阿用畏吾儿文字书写蒙古语，让奴隶主子弟学习使用，使蒙古人第一次有了文字。

成吉思汗把濒临死亡的蒙古人从金朝的桎梏下解救出来，把互相残杀的蒙古各部统一起来，使蒙古民族在中国和世界舞台发挥重大的作用，这一巨大的历史功绩，使成吉思汗成了蒙古历史上当之无愧的民族英雄。

忽必烈建元

蒙哥做大汗时，他的弟弟忽必烈掌管着黄河以北的地方军队和行政事务。忽必烈从小就有远大的理想，并且在早年受到了中原汉族文化的影响，又结识了一批有学问的汉族文士，如刘秉忠、张文谦、王鹗、郝经、姚枢等人，他们劝说忽必烈要用儒家思想来治理国家，特别要用“汉法”来治理中原。他们的建议对忽必烈影响很大，他决定夺得天下后，一定用“汉法”来治理国家。而正是这些人支持忽必烈夺得汗位的。

忽必烈在滦河北岸建造了一座新城，取名“开平”。并以此为根据地，以汉法来实行对黄河以南地区的统治。这种作法损害了蒙古贵族的利益，也引起了蒙哥的怀疑，蒙哥准备削去忽必烈的兵权。忽必烈听从姚枢等人的劝告，把妻子、女儿送到蒙哥那里去当人质，并亲自去见蒙哥，说明自己并无野心，蒙哥这才相信了他。

1258年，蒙哥发兵三路攻打南宋，他自己率领主力攻四川，忽必烈攻鄂州，兀良哈台从云南打潭州。正当忽必烈攻打鄂州的时候，忽然传来蒙哥去世的消息，并听说驻守在和林的阿里不哥即将继承汗位。

阿里不哥是拖雷的小儿子，按照蒙古人“幼小守产”的习惯，在他的兄长们打仗的时候，他就留在蒙古国的都城和林。在阿里不哥的周围有一批蒙古贵族，他们反对用“汉法”来统治，而主张用蒙古的旧法来统治，因此他们反对忽必烈，而拥护阿里不哥，当阿里不哥听到蒙哥去世的消息后，马上任命支持他的人担任各级官员，并派脱里赤和阿兰答儿占领燕京和陕西一带，准备阻止忽必烈北上。

忽必烈得到消息后立刻召集跟着他的诸王、大将和谋士们商量怎么办。谋士郝经献了一条妙计：一方面派一支军队去接蒙哥的灵车，把大汗的宝玺夺过来；一方面派军队夺取并守卫燕京；同时通知各王到和林去举行丧礼。正在这时，南宋宰相贾似道又来求和，忽必烈马上同他订了和约，然后带着人马北上。

1259年，忽必烈到达燕京，遣散了脱里赤招买的人马。1260年三月，忽必烈到达开平。他的大将廉希宪和商挺建议他抓住时机，先下手为强。于是，忽必烈在开平召开忽邻勒台，在塔察儿、也先哥、合丹、米哥等王的拥护下，忽必烈登上了大汗的宝座。

阿里不哥没想到忽必烈的动作这样快，他慌忙在四月也召开忽邻勒台，宣布自己为大汗。

那时，东部的各个王都支持忽必烈，西边的王中，有的支持阿里不哥，有的支持忽必烈，而且忽必烈还统治着中原，因此忽必烈的力量比阿里不哥大得多。因为阿里不哥的势力在西边，因此忽必烈就派廉希宪向陕西进军。阿里不哥在陕西的大将是浑都海，他手下有战将刘太玉和霍鲁怀，他们驻扎在六盘山一带。廉希宪一到，两军就打了起来。廉希宪的老将刘黑马一马当先，一场恶战，活捉了刘、霍二人，把浑都海打得大败。廉希宪又从霍鲁怀那里得知，驻扎成都的密里霍者、驻在青州的乞台不花，都要起兵反叛忽必烈，情况万分紧急，廉希宪只能假传圣旨，派刘黑马到成都杀死了密里霍者，派汪惟正到青州杀死了乞台不花。不久，八春、合丹等

忽必烈 （1215—1294）即元世祖，又称薛禅汗。1264年，迁都燕京，改称大都（今北京）。1271年，改国名为元。发动灭宋战争，1279年取胜，统一全国。

又来同廉希宪会合，他们大败浑都海，并杀死了阿兰答儿和浑都海，阿里不哥在西方的力量被打垮了。

同时，忽必烈亲自带领大军，直扑阿里不哥的老巢和林。阿里不哥慌忙逃到谦州，他怕忽必烈追来，就使了一个缓兵计，派人向忽必烈认罪，说他愿意投降，等他把马儿养肥了，再同其他王一起来拜见。忽必烈识破这是阿里不哥的诡计，就对使者说："你回去告诉我的弟弟，说我相信他的话，原谅了他，叫他快快来见我。"便派也孙哥驻守和林，自己先回开平了。

1261 年秋天，阿里不哥养肥了他的战马，又收集了一批人马，又发兵南下。他派人到也孙哥那儿，假意说是来投降，也孙哥信以为真，没有做打仗的准备。阿里不哥发动突然袭击，又把和林夺了回去。忽必烈知道后，马上又带兵北上，两军在昔木土脑儿相会，结果阿里不哥又被打败，逃回和林。可是这时，原来支持阿里不哥的阿鲁忽王也起兵反对他，阿里不哥被迫逃到新疆去。

之后，阿里不哥吃了很多败仗。支持他的王族纷纷倒戈，投靠了忽必烈。1264 年，阿里不哥向忽必烈投降。忽必烈下诏：阿里不哥等王，都不问罪，但是他的谋臣，要全部杀死。这样，忽必烈巩固了他的汗位。

忽必烈降服阿里不哥后，把政治中心由和林搬到中原，他继续推行"双法"来改造蒙古国。1271 年，忽必烈根据刘秉忠的建议，按《易经》五"乾元"（相大）

的意思，把国号改为“大元”，这样元朝正式成立了，忽必烈就是元世祖。第二年，元世祖把燕京改为大都，作为元朝的首都。

元朝灭亡

朱元璋击败了陈友谅之后，把大军集中起来，向东面进攻，很快消灭了张士诚和其他一些对手。这时候，朱元璋已经拥有一支很强大的军队，占据了长江中下游一大片富饶的地区，具备了推翻元朝、统一全国的实力。朱元璋积极地做准备，想一举消灭腐朽的元朝。

而元顺帝非常昏庸无耻，当他的军队与红巾军浴血奋战之时，他却整日在皇宫里寻欢作乐，不理朝政。皇太子爱猷识理达腊看不惯父亲的这种做法，他认为再如此混乱下去，元朝的江山迟早会落到别人的手里。于是，就联合皇后和左丞相哈麻，想废掉元顺帝，自己当皇帝。元顺帝听说哈麻想背叛自己，非常生气，下令把哈麻充军到广东，又派人在路上把哈麻活活打死。皇太子和皇后没有成功，很不甘心，就又寻找下一个的机会，这样，宫廷里矛盾重重。

在镇压红巾军的过程中，元朝内部形成了一批新的军事头目，像河南的扩郭帖木儿（本名叫王保保，是察罕贴木儿的干儿子），山西的孛罗帖木儿，还有李思齐和张良弼等，都握有重兵，各霸一方，根本就不把皇帝放在眼里。这些人为了争夺地盘，扩大自己的势力，经常互相攻打。元顺帝多次下令，让他们不要自相残杀，不但不起一点作用，扩郭帖木儿和孛罗帖木儿反而打得更凶了。元顺帝没有办法，自己手里没有多少军队，还得依靠这些将领们对付各地的红巾军，也只好听之任之。

可是没过多久，宫廷里的斗争又和外面的斗争联系了起来。元顺帝依靠孛罗帖木儿和张良弼的扶持，而皇太子却同扩郭帖木儿、李思齐结成一派，两派相互斗争，吵闹不停。后来，孛罗帖木儿被杀，扩郭帖木儿掌握了大权。李思齐见年纪轻轻的扩郭帖木儿位居自己之上，就联合张良弼等将领，共同对付扩郭帖木儿，双方在关中相持，前前后后共打了一百多仗，也分不出高下。

此时的朱元璋羽翼已丰，整个南方都在自己掌握之中。他看出了元朝内部矛盾重重，已经没有多大的力量了，认为消灭元朝的机会到了。

1367 年十月，朱元璋发布了北伐檄文，在檄文里他指责元顺帝昏庸无能，把人民逼到了起义造反的地步，元朝的气数已尽，上天派他来领导人民把蒙古贵族赶出中原，建立汉人的政权，拯救百姓。接着，他任命徐达为征虏大将军，常遇春为副将军，统率二十五万大军，向元朝发动进攻。

朱元璋凭借他对元朝形势的深刻了解，给北伐军制定了“先攻取山东，再占据河南，然后夺占潼关，控制这个门槛，最后进攻大都，扫荡山西和陕西”的正确战略计划。朱元璋还给他的军队制定了严格的军纪，不能随便屠杀人民，不能抢夺老百姓的财产，所以，他的军队很受老百姓欢迎。

徐达按照朱元璋的计划，很快就攻下了山东、河南，元朝的军队不是投降就是逃跑，根本就挡不住北伐军的进攻。1368年，朱元璋在应天做了皇帝，明朝正式建立了。

不久，北伐军攻克了潼关，大都已岌岌可危。可是，扩郭帖木儿却把军队驻扎在太原，不愿意来援救大都。李思齐和张良弼也慑于明朝军队的威势，带着残兵败将向西逃窜了。七月，各路明军在山东德州集结，然后分水陆两路沿着运河北上，几十万大军浩浩荡荡杀奔大都。一路上势如破竹，先占领了长芦、青州，然后攻占直沽。之后又攻下了大都的最后一道门户通州。通州失守，大都危在旦夕。

元顺帝征求文武大臣们的意见，一个叫伯颜不花的太监哭着建议皇帝坚守大都，元顺帝觉得这话有些道理，但无奈城中兵少将寡，外边又无救兵，无奈之下乘着黑夜，元顺帝带着后妃、太子和文武大臣一百多人，从建德门逃出了大都，奔向北方茫茫的草原。

几天之后，明军攻占了大都，元朝灭亡了。朱元璋把大都改称北平，明朝正式取代了元朝。

靖难之役

明朝建立后将都城建在南京。在当时，元朝的残余势力经常从塞北南下，威胁北部边境的安全。信不过开国功臣的朱元璋决定采用过去的分封制，把一些关键位置的地方封给朱姓诸王。明太祖有二十六个儿子，除立为太子的朱标和早逝的第二十六子外，其余二十四子外加一个从孙，总共封了二十五个王。除了防戍边防之外，明太祖还赋予藩王兴兵讨伐朝廷奸臣的权力，以此来使朱氏王朝长治久安。

明初藩王有很大的权力，他们每年有万石以上的食禄，在藩国内可以建立王府，任免官吏，除了不能干涉地方民政外，几乎跟皇帝没什么区别。最重要的是，因为设置藩王的目的之一便是巩固国防，所以他们还拥有很大的军权。诸王之中，靠近边塞的势力较大，其中宁、燕、晋三王兵力最强。他们经常带兵作战，战功赫赫，尤其是燕王朱棣，格外受到明太祖器重，并负责统辖各镇的兵马。

洪武三十一年（1398），太子朱标病故，朱标的儿子朱允炆以长孙的地位被立为皇太孙。各地的藩王大都是朱允炆的叔父，根本不把年轻的皇太孙放在眼里，言行颇为不逊。朱允炆对此也十分清楚，有一次，朱允炆对东宫侍读黄子澄说："现在诸位藩王手握重兵，根本不把我放在眼里，将来该怎么办呢？"黄子澄拿西汉平定七国之乱为例，劝朱允炆不要担心，他说："当时吴楚七国实力非常强大，但汉景帝一出兵，名正言顺，他们很快就土崩瓦解。现在诸王的兵力还没有达到拥兵自重的地步，您是皇位的正式继承人，一旦举兵兴讨，自然能够一战成功。"朱允炆这才稍稍心安。

明太祖去世，朱允炆即位，年号建文，即建文帝。建文帝即位后，各位藩王的不满情绪日增。建文帝召见黄子澄决定削藩。

他们跟另一个大臣齐泰一起商量，齐泰想从兵力最强、野心最大的燕王朱棣下手。黄子澄不赞成这个做法，他认为这样容易打草惊蛇，不如先把燕王周围的藩王除掉，这样再收拾他就轻而易举了。恰好此时，周王的一个儿子告发父亲跟燕、齐、湘三王密谋造反。建文帝利用这个机会，夺去周王兵权，把他废为庶人。紧接着，岷、湘、齐、代四位藩王也相继被借故革去兵权，发配边疆。如此一来，藩王中势力较大的就只剩下燕王朱棣了。

朱棣面对这种局势，当然不愿坐以待毙，他暗中招募勇士，选将练兵，随时准备谋反。没多久，建文帝在齐泰的建议下，派来了谢贵等人监视燕王动静，并以戍边为名，抽调燕王兵力。为了麻痹建文帝，燕王假装精神病发，成天胡言乱语，有时候还躺在地上，几天不起来。谢贵去探病，那时候正是盛夏，燕王却坐在火炉边烤火，嘴里还不停地叫冷。朱棣就这样瞒过了众人。

但是建文帝还是准备削夺燕王的爵位，他计划派谢贵带兵把燕王的党羽一网打尽。没想到谋事不密，燕王早就得到了消息，把王府里充当建文帝内应的官员全抓起来，带兵杀了谢贵，宣布起兵。为了师出有名，燕王称黄子澄、齐泰为奸臣，打出“清君侧”的旗号，还把自己的部队称为“靖难军”。历史上把这场内战叫做“靖难之变”。

燕王久经沙场，手下的部队也身经百战。他起兵南下，很快就攻克了居庸关、密云、遵化等地。而建文帝这边虽然兵马数量占有优势，但那些跟着明太祖打天下的宿将们在文字狱中被杀得几乎一个不剩，新任命的将领根本不是燕王的对手，作战连战连败。建文帝没办法，只好罢免黄子澄、齐泰，向燕王求和。但被燕王一口拒绝。

这场战争进行了将近三年，燕王的部队虽然胜多负少，但他的部队毕竟有限，这些年来转战各地，逐渐成了强弩之末，燕王对此也无计可施。恰在此时，南京宫内的太监向燕王告密，说南京城如今兵力空虚，完全可以一举攻克。燕王抓住这个时机，孤注一掷，率领几乎所有将士南下，直取南京。部队所向披靡，很快就攻到长江对岸。见形势急下的建文帝又派人向燕王求和，以割让土地，请求燕王退兵。这种缓兵之计当然瞒不过燕王，他指挥大军渡过长江，包围了南京城。过了几天，守卫京城的大将李景隆打开城门投降，京城终于被燕军攻破。

攻入南京城的朱棣首先是查问建文帝的下落。有人说城破前，皇宫燃起大火，建文帝跟一些后妃们想必已经葬身火海了。燕王派人在废墟中寻找，找到几具尸体，但这些尸体都已烧焦，连男女都很难分清。燕王对着尸体号啕大哭，嘴里说着："侄儿啊，我只是帮你剪除奸臣，怎么却成了这个样子啊！"并吩咐把尸体以礼下葬。这时群臣们就开始拥戴燕王称帝，燕王当然推脱一番，然后就志得意满地登上了帝位。他废除了建文年号，改的年号为永乐，表明自己是直接继承了明太祖的帝位，并把这整个事件称之为"建文逊国"，朱棣就是明朝第三帝——明成祖。

威震敌胆的戚家军

元末明初，倭寇在我国沿海地区为患。倭寇成分很杂，有的是在日本国内政治失利，转向海外发展的势力；还有的是从事中日走私贸易的商人。这些人组成海盗集团，经常骚扰我国东南沿海人民的生活，烧杀抢掳，无恶不作，人们为之痛苦万分，尤其是明朝中后期，政治腐败，国防废弛，倭寇之患越来越严重，沿海人民为此深为苦恼，一些有志之士纷纷组织起来，抵抗倭寇，在这场抵抗倭寇的运动中，涌现出了一批民族英雄，其中最为著名的就是戚继光和他的戚家军。

戚继光，山东蓬莱人。出身名将家庭，精通兵法。从小就看到倭寇对沿海人民的残酷迫害，因此对倭寇的野蛮行径有着刻骨仇恨，并立志一定要荡平倭寇，拯救生活于水火之中的人民。由于他在山东防倭有功，后被调到倭寇活动疯狂的东南沿海，镇守宁波、绍兴、台州一带。在战斗中，他发现明军腐败而无战斗力，同时，缺少训练，纪律也败坏，有的甚至骚扰百姓，依靠这样的军队是不可能取胜的。因此他决定从饱受倭寇之苦，而痛恨倭寇的当地农民中招收新兵。于是他在金华、义乌等地招募勇锐而有血气的农民和矿工，建立了一支由三千“乡野老实之人”组成的新军。

戚继光不仅对这支新军进行严格的军事训练，而且根据江南水乡的特点，改革兵器和阵法，创造了有长短武器相结合的“鸳鸯阵”，这种阵法，打起仗来机动、灵活、严密，能够发挥战士近距离搏斗的勇敢精神。这支新军纪律严明，戚继光常向士兵提到岳家军，他要求士兵对百姓秋毫无犯，要知道百姓养兵的艰苦，不要扰乱百姓，而且要拼力杀贼，做“保国安民”的赤子，因此受到百姓的爱戴，得到广大人民的密切配合。在作战中，戚继光与他的士兵同甘共苦，每次作战，他总是冲锋在前。一次，行军到乐清，突然下起大雨，为了不打扰百姓，军队直立雨中，不进民房，戚继光就和自己的士兵一起站在雨中；他爱自己的士兵，经常和他们在一起，主动接触他们。士兵病了，他亲自喂汤药，问暖问寒，也常资助有困难的士兵。正是这样，他的士兵们都非常乐于为他效命，作战勇敢。

戚继光 （1528—1588），明代著名抗倭将领。字元敬，号南塘，晚号孟诸。于闽、浙、粤沿海诸地抗击来犯倭寇，历十余年，创造了攻防兼宜的“鸳鸯阵”战术，因敌因地变换队形，灵活作战。每战多捷，世人誉为“戚家军”。

正是因为这支新军有很强的组织纪律性和得到广大人民的支持，又具有战斗力，因而经过两三个月的训练后，便投入了战斗，很快就取得了胜利。

嘉靖四十年（1561），倭寇大举进攻台州，戚继光带领这支新军，在一个多月的时间里消灭倭寇五千多人，给他们毁灭性打击，救出被抓走的百姓六千多人。1562年夏天，倭寇再次来犯，戚家军和其他军队配合，全部消灭了倭贼。浙江东部的倭患得到平息。当地人民为了感谢戚继光，给他建祠、作诗表扬他的业绩。1562年七月，戚继光和他的军队转入福建，第一仗就收复了被倭寇侵占三年之久的横屿。在战斗中，戚继光指挥兵士们摆成“鸳鸯阵”式，在铺上草的烂泥上行走。到了岸边，他亲自为官兵擂战鼓，战士们奋勇作战，展开肉搏战。仅三个时辰，就大获全胜。戚家军乘胜追击，收复了倭寇在福建的最大巢穴牛田、兴化。肃清了福建境内的倭寇。

戚继光的戚家军纪律严明，能征善战，对倭寇极具震慑力，保卫了边疆的安全，戚继光和他领导的军队轰动一时，戚继光的治军方法也被后人记入史册。

张居正变法

张居正，字叔大，号太岳，湖北江陵人。明神宗时期，担任内阁首辅（宰相）十年之久。他采取的措施主要包括：在内政方面，整顿吏治，加强中央集权制。张居正创制了“考成法”，对各级官吏贯彻朝廷诏旨情况进行严格考察，要求定期向内阁报告地方政事，提高内阁实权，罢免因循守旧、反对变革的顽固派官吏，对支持变法的新生力量加以提拔重用，积极准备推行新法。并且整顿了邮传和铨政。他一切改革都是以“尊主权，课吏职，行赏罚，一号令”和“强公室，杜私门”为方针。

张居正最突出的成绩是在经济方面。他曾任用著名水利学家潘季驯督修黄河，使黄河不再南流入淮，而漕河也可直达北京。

“一条鞭法”是张居正在经济改革方面的重要内容，也是中国封建社会赋役史上的重大变革。在明朝初年，赋税制度十分繁杂。赋税以粮为主，银绢为辅，分夏秋两季征收。此外，还规定农民要服各种徭役，并交纳特殊的土贡等。“一条鞭法”的内容是：“总括一县之赋役，量地计丁，一概征银，官为分解，雇役应付。”就是把各州县的田赋、徭役以及其他杂征总为一条，合并征收银两，按亩折算缴纳，这样既简化了征收手续，也使地方官员难于作弊。这种办法的实行，使没有土地的农民可以解除劳役负担，有田的农民能够用较多的时间耕种土地，对农业生产起了一定作用。同时，把徭役改为征收银两，农民获得了较大的人身自由，比较容易离开土地，这就给城市手工业提供了更多的劳动力来源，对工商业的发展也有积极作用。

“一条鞭法”的推行，使明政府的收入有了显著的增加，财政经济状况也有很大改善。国库储备的粮食多达一千三百多万石，可供五六年食用，大大解决了嘉靖年间国库存粮不足的问题。

在军事上张居正也采取了一些改革措施。他派戚继光守蓟门，李志梁镇辽东，又在东起山海关，西至居庸关的长城上加修了“敌台”三千余座。他还与鞑靼俺答汗之间进行“茶马市”贸易，采取和平政策。从此，北方的边防更加巩固，明朝和鞑靼没有重大战事长达二三十年。

经过上述改革，强化了中央集权的封建国家机器，基本上实现了“法之必行”“言之必效”，国家的经济状况有了改善，财政收入有所增加，国防能力加强。当然，张居正倡导改革的目的并不是为了减轻人民的负担，而是为了巩固明朝的封建统治。因而，他的变法不可能触动地主阶级的根本利益，只能作一些修修补补的改良。尽管如此，张居正的改革还是触犯了地主阶级的部分利益，他们对新法强烈反对。

1582 年六月，张居正病死，反对派开始了对张居正的反攻。他们劝说神宗下令撤消了张居正死时特加的官爵和封号，进而查抄家产。张居正的长子被逼自杀，其他家属也惨遭迫害。张居正的十年改革成果付诸东流，明王朝也日益衰落。

但张居正的改革却在中国历史上留下了重要的一笔。

皇太极巧施反间计

1626 年初，努尔哈赤率军与明军在宁远（今辽宁兴城）激战，后金军队伤亡惨重。

努尔哈赤撤回沈阳，又气又恨，伤势越来越重，没过几天就死了。他的第八个儿子皇太极继承汗位。袁崇焕为了探听后金的虚实，争取时间修复宁远、锦州等城池，便派使者去沈阳为努尔哈赤吊丧，并祝贺皇太极即位。皇太极虽然对袁崇焕充满仇恨，可后金刚打败仗，需要休整；同时，他也想征服朝鲜，解除将来进攻明朝时的后顾之忧，这样，皇太极不但接待了袁崇焕的使者，还派使者到宁远城去答谢。双方表面上缓和下来，可实际上都在加紧备战。

第二年夏天，皇太极整顿完内部后，就亲自率领大军，进攻明朝。后金军队分兵三路南下，先把锦州城包围起来。这时候，袁崇焕正在宁远，接到后金进攻锦州的消息后，立即给守城将领写信。信中说，锦州城火器兵马足够防守，敌军冒着炎热的天气冒险深入，坚持不了多久，锦州一定能守得住。袁崇焕又派祖大寿率四千骑兵前往救援。锦州官兵英勇作战，后金军队伤亡惨重。皇太极见久攻不下，决定改变战略，留下部分兵力继续困城，自己率领大部人马，绕过锦州，直扑宁远。

皇太极 （1592—1643），清朝的开国皇帝。努尔哈赤第八子，22 岁登后金汗，在位 17 年，他完善后金的政治制度，为清王朝的统治政权的确立打下了基础。改国号为清后，尊其父努尔哈赤为太祖。庙号太宗。

袁崇焕固守宁远，利用枪炮的火力优势，多次打退后金的进攻，后金士兵死伤无数。当时，正值暑热，尸体腐烂，疾病流行。后金军队士气低落，皇太极只好下令撤军。袁崇焕打了一个大胜仗。可是，阉党魏忠贤却把功劳记在自己的名下，反而责怪袁崇焕没有亲自去救援锦州是失职。袁崇焕知道魏忠贤有意和他为难，只好辞职。

1627 年，明熹宗死去，他的弟弟朱由检即位，即明思宗，也叫崇祯帝（崇祯是年号）。崇祯帝即位后很想有所作为，决心整顿吏治，他下令惩治了魏忠贤的“阉党”，给杨涟、左光斗等人平了反，并且任命袁崇焕为兵部尚书，负责整个河北、辽东的军事。袁崇焕统率重兵镇守宁锦防线，成为后金军队南下的一大障碍。

皇太极打了败仗，深知袁崇焕有胆有识，如果不除去这个劲敌，就无法达到进军关内的目的。考虑了很长时间，皇太极想出了一条毒计。

1629 年十月，皇太极统率几十万大军，避开防守严密的宁锦防线，绕道向西，从龙井关（今河北遵化东北）、大安口（今河北遵化西北），跨过长城，直逼北京城。皇太极的这一招，完全出于袁崇焕的意料之外。他得到情报后，立即回师北京，驻扎在广渠门外。于是，两军在北京郊外展开了激战。

龙井关和大安口本不在袁崇焕的防区之内，他率军救援京师，表明袁崇焕以国事为重。不料，北京城内魏忠贤的余党，这时竟然大肆散布谣言。他们诬蔑袁崇焕“拥兵不救，纵敌入京”；金军绕道而来，是袁崇焕引来的；甚至捕风捉影地说，袁崇焕过去和皇太极有过多次书信往来，谣言传得神乎其神。崇祯皇帝是一个猜疑心很重的人，袁崇焕刚刚来到北京时，他非常高兴，曾经召见他，但听了这些谣言之后，就开始怀疑起袁崇焕来。袁崇焕虽然率军驻在广渠门外，多次打退后金军队，但崇祯皇帝还是猜疑他，不许他的军队进城休息。袁崇焕只好驻在京城东南。皇太极有意命令部队靠近袁军驻地扎营，然后把刚到北京城下时抓到的两个明朝太监押到军中。半夜的时候，皇太极让副将高鸿中、参将鲍承坐在靠近关押太监的地方，故意小声说："今天撤兵是计谋，和袁督师早有密约，这回大事可成了。"太监们假装睡觉，把二人的谈话全记在心里。后金军队故意放走太监，让他们回城报信。两个太监跑回皇宫，向崇祯皇帝上奏袁崇焕"通敌"的情报。

崇祯皇帝得到这个报告，认为完全证实了自己的猜疑，于是立即召令袁崇焕进宫，不容分辩，便令锦衣卫把他捆绑起来，押进大牢。崇祯哪里知道，这都是皇太极安排的圈套。

皇太极听说袁崇焕已经被捕入狱，知道反间计大功告成。为了置袁崇焕于死地，他下令撤兵，返回沈阳。

袁崇焕被捕后，他的部下祖大寿十分害怕，率领军队逃出了山海关，其余的袁军也跟着走散了很多人。这更加深了崇祯皇帝的疑虑。明朝的大臣中，有人深知袁崇焕向来尽忠国事，觉得这件事很蹊跷，就上书请求皇帝要慎重处理这件事。可是，崇祯皇帝根本听不进去，魏忠贤的一些党羽又趁机诬陷袁崇焕，第二年八月，崇祯下令处死袁崇焕。袁崇焕死后，尸骨被友人安葬在广渠门内的广东义园里，他的兄弟妻子被流放到三千里外的边疆。

袁崇焕的死为后金剿灭明朝，攻入北京，除去了一个极大的障碍，为了与明朝作战更加名正言顺，皇太极于1636年在盛京（沈阳）称帝，改国号为清，皇太极被称为清太宗，清朝建立后，积极准备军马，准备消灭明朝，坐拥天下。

闯王李自成

自古云“乱世出英雄”，也就是说时代呼唤英雄，时代创造了英雄，李自成就是一位应时代之所需而产生的农民起义英雄。

李自成出生的时候，明朝已是财空气亏，危机四伏。许多地方出现了“野无青草，十室九空”的惨象。李自成从小给地主放羊，受尽虐待。十几岁时，因欠了地主的高利贷无力偿还，被县衙严刑拷打后放在太阳下曝晒。无奈之下，他杀死地主，扯起了义旗。不久率义军投奔了“闯王”高迎祥。

李自成谋略过人，英勇善战，屡建奇功。再加上他有着豪迈的外表：颧骨突出，高鼻梁，目光炯炯，具有威严的正义之气，因而被称为“闯将”。

1634年春，李自成和他的侄儿等率义军在兴安的车箱峡，用诈降计出奇兵大败延绥巡抚陈奇瑜，从此李自成声威大震。

一次，义军被明朝各路大军围剿。各路义军将领聚会于荥阳共商拒敌策略，众说纷纭，久议未决。此时年仅二十八岁的闯将李自成激昂地说："一名勇士尚可与敌奋战，何况我十余万义军将士，纵使吴宁铁骑，也不在话下，我早应分兵锁定对象，各个击破！"他的策略被采纳了。李自成和张献忠率义军主力行军千里，所向披靡，锐不可挡。不到十天，连破数十座州县，攻克凤阳，火烧朱明皇陵。李自成的声威更大了。

1636年，高迎祥牺牲后，李自成被拥戴为"闯王"，在他的领导下，起义军开始了新的征程。

李自成所到之处，百姓皆倾城出迎。中原地区的穷苦百姓编了许多民谣夸赞李自成和他的义军。如："吃他娘，穿他娘，开了城门迎闯王，闯王来了不纳粮"；"朝求开，暮求合，近来贫汉难存活。早早开门迎闯王，管叫大小都欢悦"。

1641年正月，李自成占领洛阳，活捉残暴的福王朱常洵，当众列举其罪状后把他处死了。

李自成大快人心的做法赢得了更多百姓的支持。1644年，李自成在西安建立了"大顺"政权。随后，李自成亲率百万大军，从龙门飞渡黄河，攻克太原，分兵两路，直捣北京，一路上浩浩荡荡，势如破竹。北京城内的明思宗在恐惧绝望之中，杀死女儿和嫔妃，最后吊死在万寿山上。这天中午，李自成头戴毡帽，身穿布衣，骑着高大的乌驳马，率领雄壮的农民大军开进了北京城。

在巨大胜利的陶醉下，李自成及部下滋长了骄傲自满情绪。他在北京城内五天一小宴、十天一大宴，尽情享受帝王之乐。他的部下也趁机强抢民女，寻欢作乐。当时的明将吴三桂，镇守着山海关要塞。本来吴三桂在义军与清军之间就摇摆不定，而此时李自成的部将又抢了吴三桂的爱妾。吴三桂以此为借口引清兵入关，联手攻打李自成。

1645 年，兵败的李自成率军退到湖北，在九宫山地区遭到地主武装袭击，李自成兵少将弱，最后在九宫山壮烈牺牲，时年三十九岁。

郑成功收复台湾

清初，由于清朝的镇压，各地民众的反清斗争，逐渐消沉下去，由于清政府尚无海战能力，郑成功领导的海上队伍得以成为最后一支抗清力量。

郑成功，本名森，字大木，福建南安人。他的父亲郑芝龙是个海盗出身的明朝官僚。清军进军福建时，郑芝龙降清，郑成功苦劝无效，一气之下，与父亲断绝关系。

1646年，清军占领福建。这时，郑成功组织福建、广东的群众在南澳起义，进行了长期的抗清斗争。1659年，郑成功与抗清将领张煌言联合，率领十七万水陆大军攻打南京。但中了敌人的缓兵之计，战败退回厦门。为了扭转被动的局面，郑成功决定收复台湾，作为抗清的根据地。

台湾自古以来就是我国的神圣领土。我国劳动人民很早就在岛上生活。他们用勤劳的双手开发和建设着美丽的宝岛。到了三国时，吴国曾派人到达台湾。以后，又有很多汉人迁入，和当地人民一道开发台湾。宋、元时，曾在台湾建立行政机构。1624年，荷兰殖民者侵入台湾，对岛上居民进行残酷的掠夺和野蛮的殖民统治，激起中国人民的无比愤怒。

郑成功就出生于荷兰殖民者侵占台湾的那一年。他在少年时代，亲眼看到荷兰侵略者对沿海人民进行掠夺和烧杀，对侵略者十分憎恨。

1659年，郑成功从南京退回厦门后，决心收回台湾。正在这时，有一个曾经担任荷兰“通事”（即翻译）的爱国者何廷斌向郑成功献上一幅详细的台湾地图，还透露了殖民者内部的机密情报。郑成功认为收复台湾的时机已经成熟，决定立即着手进军台湾。

这一年四月的时候，郑成功统兵两万五千人，分乘战船三百五十多艘，由金门出发，攻入澎湖。四月三十日黎明，他们在台南的鹿耳门登陆。鹿耳门地势十分险要，外围有几十里的浅沙滩。荷兰殖民者在这里沿水边设置了许多炮台。郑成功不顾地形险峻和敌人的严密防守，亲率船队迂回前进，直趋台湾北港。他的队伍在距赤嵌城北约五公里的地方迅速登陆。台湾人民争先恐后前来迎接，提水担饭，协助运输。郑成功部队在台湾人民的大力支持下，士气更为高涨。荷兰海军司令官彼特尔倚仗着精良的火器负隅顽抗，妄想阻止郑成功的部队。郑成功的部队冒着敌人的炮火勇猛直前，打得荷兰殖民者弃械而逃。

郑成功　（1624—1662）我国明末清初著名的民族英雄，原名福松、森，字大木，福建南安县人。1645 年，受隆武帝朱聿键的召见，颇多赏识，赐国姓（朱），改名成功，因此中外尊称之为“国姓爷”。

郑成功登陆后，立即通令荷兰侵略军投降。荷兰殖民者企图拿出十万两银子，贿赂郑成功及其军队，遭到郑成功严辞拒绝。接着，郑成功连续打败敌人多次反扑。五月初攻下赤嵌城，迅速控制台湾全境，迫使荷兰殖民者退守热兰遮城。

龟缩在热兰遮城的荷兰侵台总督揆一，倚仗粮草充足，妄想固守该城，等待援军。荷兰舰队也屡次从海上进行反扑。郑成功率领英勇的水师，在台湾人民的密切配合下，同荷兰侵略军展开激烈的海战。荷兰舰队在浅水外行动笨拙，而郑成功的小型战船却灵活机动。郑成功军队在海战中，给了荷兰侵略军以毁灭性的打击。1662 年二月，荷兰殖民者被迫在投降书上签了字。侵略军头目揆一和他的残兵败将狼狈地从台湾撤走。被荷兰殖民者侵占了三十八年的台湾，终于又回到了祖国的怀抱。

郑成功收复台湾后，将侵略者修筑的赤嵌城改名为安平城，赤嵌楼改名为承天府，并建立了同祖国大陆一样的郡县制度，建立行政机构，招徕大陆移民。为了发展农业生产，郑成功实行了“屯田法”。士兵一面生产，一面练兵。当时，台湾的高山族人民，在荷兰殖民者奴役下，生活十分贫困，生产极端落后。郑成功在那里推广了先进的农业生产技术，将大陆汉族的先进生产方法介绍给台湾人民。从此，高山族人民也同大陆百姓一样，使用牛耕和铁犁种田。在郑成功的治理下，台湾的社会经济得到发展，人民生活也安定了。

郑成功收复台湾后，不久便病逝了。他的子孙继续统治台湾二十多年。1683 年，清军进入台湾，在那儿设立了台湾府，加强了台湾的边防。

郑成功第一次从外国侵略者手中收复台湾，意义极为深远，表明台湾永远是中国不可分割的一部分。

康熙平定三藩

康熙在除掉鳌拜以后，考虑的头等大事就是：削平“三藩”。三藩，指的是当时驻守在云南、贵州的平西王吴三桂，驻守在福建的靖南王耿精忠和驻守在广东的平南王尚可喜。这三个藩王原来都是明朝的将领，后来投清，在清政府镇压中原的农民起义中功不可没，遂被封为藩王。

吴三桂到达云贵地区之后，就开始招兵买马，制造武器，而且还私自囤积火药，制造火枪、火炮。同时，又安插自己的心腹到云贵地区的各级衙门担任要职，掌握地方军政大权，俨然一个皇帝的样子，称雄称霸，丝毫不把康熙放在眼里。吴三桂在云南地区的胡作非为，给耿精忠、尚可喜做出了样子。耿精忠利用沿海的有利地形，与海外私通贸易，大量走私，捞取大批金钱。尚可喜在广东征收大量租税，而且他性情残暴，经常杀人取乐，简直是一个混世魔王。

因此，康熙决定先从吴三桂下手。

当时，吴三桂的儿子吴应熊作为质子住在北京。一次，内大臣半开玩笑似地对吴应熊说：“当初因为西南战局紧张，皇帝赐给平西王大将军印信；现在全国都平定了，我看印信可以上缴了。”吴应熊就连夜派人将这

【汉宫春晓】卷 局部［明］仇英 中国台北故宫博物院藏 23－7

【汉宫春晓】卷 局部 [明] 仇英 中国台北故宫博物院藏 23-7

件事报告给了吴三桂。吴三桂无计可施，只好上缴了将军印。过了不久，康熙皇帝又派人对吴三桂说："将军您年纪大了，而且有眼病，不应过于劳累。云南、贵州的事务，您就别操心了！"后来，朝廷借口兵多饷少，裁减了"三藩"手下的兵卒。吴三桂终于无法再忍受下去，准备起兵谋反。

康熙十二年（1673），皇帝借尚可喜隐退之借口撤销了平南王府。吴三桂听到这个消息后，随即也写了封请求撤藩的奏折，以试探康熙的心意。他认为自己身经百战，战功显赫，且又兵多粮足，料定皇帝不敢批准。耿精忠见吴三桂也写了奏折，他也连忙上了奏折，请求撤藩。

然而，吴三桂怎么也没想到康熙真会同意他的请求。于是，他与耿精忠联合起来，他们一方面装出毕恭毕敬的态度准备撤藩，另一方面迅速调兵遣将准备反叛。

吴三桂找来一个三十来岁的姓朱的青年，在他的两腿上各刺了一条龙，假称是崇祯皇帝的后代，借了崇祯皇帝的名义，起兵反叛清朝。

康熙皇帝

1673年十一月，他自称"天下都招讨兵马大元帅"，分兵两路进攻湖南和川陕。第二年三月耿精忠在福建起兵响应，向浙江、江西发动进攻。1676 年二月，尚之信也在广东起兵响应，向广西进攻，至此，三藩联合反清，叛乱范围扩展到云南、贵州、福建、广东、湖南、四川、陕西、甘肃、浙江、江西、贵州等十一个省。

江南失守的消息传到北京，朝廷一片混乱。一些大臣主张与三藩求和。可是主张削藩的明珠、莫洛、米思翰等怎么也不肯退让，他们主张平定三藩的叛乱。康熙皇帝乾坤独断，决意平叛，于是派八旗军全力讨伐吴三桂。

康熙对耿精忠、尚之信，则软硬兼施。一方面派人前去游说劝降；一方面又派人攻打，这种两面夹击的策略没几天就迫使耿精忠和尚之信投降了。三藩中两藩被平定了。

耿精忠和尚之信被降服，给吴三桂以很大打击。但他仍不死心，两军在湖南相持数日，朝廷军队久久不能攻下岳州、长沙等重镇。康熙帝下令继续加强正面进攻，同时派兵绕道湖南南部深入广西，袭击叛军后方。八旗军越战越勇，叛军内部却发生了动摇分化。吴三桂手下的大将林兴珠、韩大任等认为继续与清军对抗没有什么好处，所以都投降了清军。

即将覆灭的吴三桂，已经七十四岁了，牙齿掉了一半，就连走路也摇摇晃晃地要人搀扶。可是他仍念念不忘他的皇帝梦，终于在康熙十七年（1678）公然在衡州自称“大周皇帝”，改元昭武，并大封伪官伪将，企图用这种办法给他的部将们打气。可是，这一切都不顶用，叛军终于抵抗不住清军的强大攻势，节节败退。

前线战败的消息让吴三桂一病不起。八月十七日，他终于一命呜呼了，结束了他丑恶的一生。

吴三桂死后，他的部将马宝、胡国柱草草安葬了他的尸体，就赶忙派人前往云南迎接吴三桂的孙子、十三岁的吴世璠前来奔丧。吴世璠到了衡阳以后，继承了皇位，改元洪化。然后带着他祖父的棺材匆匆忙忙地逃离湖南，退回到云南昆明。

康熙二十年（1681）十一月，康熙皇帝派兵攻破了昆明，吓得吴世璠畏罪自杀。这样历时八年之久的三藩之乱终于完全结束了。

由于康熙皇帝维护国家统一的决心很大，而且他的处事非常果断，因此避免了使全国再度陷入混乱和分裂的局面。康熙皇帝敢于坚持正确的意见，不听信谗言，而且善于用兵，终于打败了貌似强大的吴三桂、耿精忠和尚可喜，保证了祖国的统一和稳固，对于经济的发展和人民的生活安定做出了很大的贡献。

康熙帝三征噶尔丹

噶尔丹是蒙古族的一支准噶尔部的首领，自从他统治准噶尔部以后，便野心勃勃，先兼并了漠西蒙古的其他部落，又向东进攻漠北蒙古。

漠北蒙古被攻破后，几十万的漠北蒙古人逃到漠南，哀求清政府给予保护。康熙帝派使者来到噶尔丹那里，要他将侵占的地方交还给漠北蒙古。噶尔丹的幕后有沙俄政府唆使策划，他认为有沙俄撑腰，根本不用理睬康熙帝的劝说，不但不肯退兵，还大举进犯漠南，气焰十分嚣张。

康熙帝见谈判无望，决定亲征噶尔丹。1690年，康熙帝兵分两路：左路由抚远大将军福全率领，出击古北口；右路由安北大将军常宁率领，出击西峰口；康熙帝亲自带兵在后面指挥。噶尔丹对地形熟悉，长驱直入，向南一直打到乌兰布通，距离北京仅有七百里。康熙的西路军刚一接触噶尔丹军，就吃了败仗。噶尔丹更加得意洋洋。

福全率领的左路大军全线反击。噶尔丹挖空心思，他将几万骑兵集中在大红山下，后面有树林掩护，前面又有河流阻挡。又将上万只骆驼，绑住四条腿躺在地上，驼背上加上箱子，用湿毡毯裹住，摆成长长的一个驼城。叛军就在那箱垛中间射箭放枪，阻止清军进攻。

康熙皇帝

福全命炮火分段击破，不一会儿，驼城被轰开了一个大缺口，上万名骑兵呼喊着冲杀过去。福全又派兵绕到山后夹击山下的骑兵，叛军猝不及防，被里外夹攻，损伤大半，剩下的抱着脑袋纷纷逃命去了。

噶尔丹见清军来势凶猛，硬攻不利，便立即派了个喇嘛到清营求和。福全一面命令停止追击，一面派人向康熙帝请示。康熙帝早就看穿了噶尔丹的诡计，便命令“继续追击！千万不能中了贼敌的奸计”。果然，噶尔丹求和只是缓兵之计，等清军奉命追击的时候，噶尔丹已经带了残兵败将逃到漠北去了。

1694 年，康熙帝约噶尔丹会见，订立盟约。噶尔丹不仅不来，反而暗地派人到漠南煽动叛乱，并扬言沙俄将支援六万名枪兵，对付清军。

面对噶尔丹的阴谋，康熙帝决心乘胜追击。1696 年，康熙帝第二次亲征。分三路出击：黑龙江将军萨布素从东路进兵；大将军费扬古率陕西、甘肃大军，从西路出击，截击噶尔丹的后路；康熙帝亲自带中路军，从独石口出发。三路大军约定好时间组织夹攻。

康熙帝带领的中路军先期到达科图，遇到了敌军前锋，但东西两路军还没到达。康熙帝当即决定继续进攻克鲁伦河，并派使者去见噶尔丹，告诉他康熙帝亲征的消息。噶尔丹闻言变色，慌忙来到山头一看，只见清军阵容强大，队列整齐，黄旗飘扬，吓得他直哆嗦，下令军队北撤。

康熙帝立即派人通知西路军大将费扬古，做好半路上截击的准备，自己带兵乘胜追击。

当噶尔丹带兵撤退到昭莫多时，正遇上费扬古的军队。费扬古按康熙帝的部署，在路边小山的树林茂密地方设下埋伏，先派四百先锋军诱战，边战边退，将叛军引到预先埋伏的地方，清军先下马步战，听到号角声起时，就一跃上马，占据了山顶。叛军向山顶进攻，清军从山顶放箭放枪，双方展开了一场激战。费扬古又派一支人马在山下袭击叛军背后，前后夹击，叛军损伤惨重，噶尔丹带着剩下的几十名骑兵仓皇逃命。

噶尔丹叛军经过两次大战，所剩无几。康熙帝劝噶尔丹投降，但是他顽抗到底。隔了一年，康熙帝又率兵渡过黄河亲征。这时，叛军的将领听说清军又来时，纷纷投降。噶尔丹走投无路，服毒自杀。

自此，清政府重新控制了阿尔泰山以东的地区。

林则徐虎门销烟

以前英国人和中国人做买卖，老是赔本。因为他们的洋布、洋表一类的玩意儿，中国人根本就不喜欢。可是中国的茶叶、丝绸等，却在英国特别受欢迎。但自从他们把鸦片运来后，情况就大不一样了。英国人每年都要从中赚走不计其数的银子。这还不算，他们的鸦片给中国人带来了极为严重的危害。不少百姓为此家破人亡，军队也因此士气消沉，贪官横行，民怨载道，尤其是广州更为严重。

这时候清朝的皇帝是道光。这个人没有任何本事，办起事来连一点主张也没有。眼看着国家和人民深受鸦片的毒害，他却一直犹犹豫豫，不敢下令禁烟。经过林则徐的苦苦劝说，道光才下定决心，派林则徐到广州禁烟。

林则徐来到广州后没有马上公开自己的身份。除了两广总督邓廷桢和水师提督关天培外，谁也不知道这件事。

林则徐在广州街头微服私访，看到人民备受鸦片折磨，心如刀割。大街上一个大烟鬼爬到林则徐跟前，一边磕头，一边哀求赏些银子。林则徐实在不忍心再看下去，随手递给他一块银子。没想到这家伙一接过银子，就突然来了精神。他从地上爬起来，一溜烟儿似地朝大烟馆跑去。

林则徐痛下决心，下令严禁鸦片，在关天培等人的帮助下，一连查出了二十几个贩烟贪官。

一天早晨，广州的文武大臣们都被召集到了两广总督衙门。这些人并不知道发生了什么事，所以谁也没在意。正当

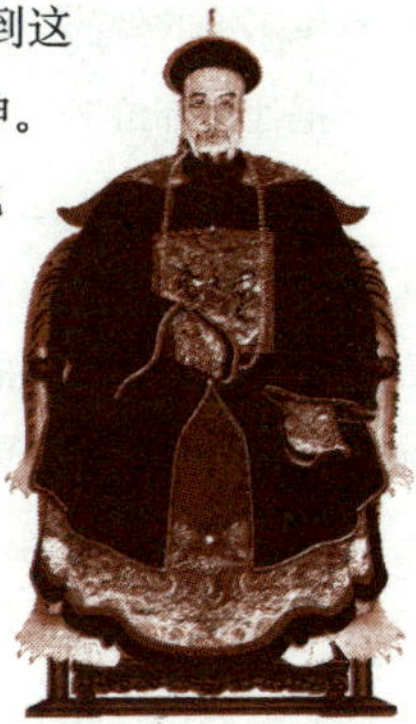

关天培（1781—1841），鸦片战争中抗英名将。字仲因，号滋圃。江苏山阳（今淮安）人。

他们悠闲地聊着天时，突然听见邓廷桢宣布：“钦差大臣到！”这些官老爷们都愣住了，怎么突然间来了钦差大臣。

这时林则徐面带威严徐徐而入，发布命令：“凡是参与贩烟之人，不论官民，一律严加惩处。”大臣们开始乱作一团。

林则徐下令参与贩卖鸦片的人主动站出来，否则，会罪加一等。大臣们你看看我，我看看你，没有一个人应声。他们觉得林则徐只不过是想吓唬吓唬人，一个刚到的钦差大臣能知道什么呢。林则徐等了一会儿，见没有人站出来承认，便大声将那些贪官的名字一一点了出来。

眼前的一切让这帮贪官污吏顿时都傻了眼。正在他们百思不得其解的时候，关天培已经指挥一群武士冲上去，把他们都给抓了起来。

林则徐除掉了这些贪官污吏后，便开始找英国人算账。他命人前往英国商人住的商馆，要求他们将鸦片全部交出来。英国商人的头目义律是个非常狡猾的家伙。他耍出了各种花招，就是不肯把鸦片交出来。

一天深夜，英国商馆里的一间屋子里还亮着灯光。义律正和一个叫颠地的毒品贩子商量如何对付林则徐。义律让颠地化装成中国人连夜跑出去，向停在珠江口的军舰汇报。却没想到他们的阴谋已经被门外的一个中国仆人听得清清楚楚。就在颠地偷偷摸摸从商馆溜出来的时候，这个仆人也跟了出来。

颠地穿了个大长袍子，头上还扣了个瓜皮帽。他一边向江边走，心里一边暗自高兴。可是没走多远，他就发现了火把的亮光。原来是那个仆人领着清兵追上来了。颠地一看事情不好，便撒开腿拼命地跑，他一口气跑到江边，一见后面的人已经赶了上来，便什么也不顾地跳进江里。由于他穿着长袍，还没游出一百米，就被清兵拖上岸来。当这个落汤鸡一样的烟贩子被带到林则徐的大堂上时，已经站不起来了。

林则徐训斥了这家伙一顿，然后让他回去转告义律，再不交出鸦片的话，就对他不客气了。

义律看到浑身湿漉漉的颠地像丧家狗一样跑了回来，知道逃跑没成功。但义律仍不死心，还是拒绝交出鸦片。林则徐见义律迟迟不交出鸦片，顿时拍案而起，派关天培带兵将商馆围了个水泄不通。那些在商馆里做工的中国人，一见这种情况也很激动，为了迫使义律投降，他们就商量好，一齐从商馆跑了出来。

义律的态度一开始还很强硬，可是没过一天就有些支持不住了。因为商馆里用的水和粮食都要从外面运来，现在商馆被围，干活的中国人也跑掉了，他们不但吃不上饭，连水也没有。

山穷水尽的义律眼珠转了转，又想出一个坏点子来。他找来颠地，让他马上去见林则徐。不一会儿，颠地背着一个大包袱，走出了商馆。当清兵把他带到林则徐面前，这家伙一句话也没说就开始解包袱。里面白花花的

林则徐 (1785—1850)，字元抚，又字少穆，晚号俟村老人，侯官县（今福州市）人。中国清代爱国政治家、思想家、诗人。

不是鸦片，而是银元。林则徐一看就明白了，丝毫不为所动。

义律一见颠地又是垂头丧气地跑了回来，知道一切都完了。这个阴险狡猾的家伙，再也想不出什么鬼点子了，他只好让英国商人们乖乖地交出了全部鸦片。林则徐清点了一下，一共有两万两千多箱，他立即宣布，将鸦片全部销毁。

1839 年六月三日，林则徐率领广州的文武大臣们来到了虎门海滩。广州城的无数老百姓，也都赶来看这壮观的场面。关天培早已带人在海边挖了两个十五米宽的销烟池，每个池子里都有洞通到大海。

“开始销烟！”林则徐一声令下，只见几十名身强体壮的大汉挥舞起了铁锹，他们劈开鸦片箱，将大烟和白灰拌在一起倒进池中。当海水被放进池子里时，随着“咕嘟咕嘟”的沸腾声，一团团浓烈的黑烟冲上了天空。

顿时，海滩上的人群也沸腾起来，人们不顾呛鼻的臭味，涌到销烟池边欢呼跳跃。齐声高呼“林大人英明”。就在中国人民激动地欢庆这一胜利时，义律那帮英国商人们只能在远处眼巴巴地看着，虽然他们恨透了林则徐，但现在也无可奈何了。虎门上空的黑烟一直冒了二十几天，这些鸦片终于全部被销毁了，就连池子里剩下的黑渣，也都被冲进了大海。

林则徐的销烟运动取得了胜利。可是义律等一批侵略成性的英国人却把这当成借口，发动了罪恶的鸦片战争。

太 平 天 国

1851 年一月十一日，在桂平县金田村，有两万多群众发动起义，他们的领袖叫洪秀全，建号“太平天国”，军队称作“太平军”，洪秀全被拥立为“天王”。九月，太平军攻克永安（今蒙山县），洪秀全封杨秀清为东王，萧朝贵为西王，冯云山为南王，韦昌辉为北王，石达开为翼王，确定了军纪，整顿了队伍，改阴历为天历，建立革命政府。

金田起义刚一爆发的时候，清政府就派来军队镇压，清军包围了永安。太平军在永安待了半年，就突围而出，于 1852 年四月离开广西进入湖南。针对当时十分尖锐的矛盾，太平军发布了《奉天诛妖救世安民谕》《奉天讨胡檄布四方谕》《谕救一切天生天养》等文告，明确提出了推翻清王朝的战斗号召，受到广大群众的热烈拥护，报名者日以千计，太平军兵力大增。九月攻长沙，由于连攻八十一天而未攻下，于是主动撤围北上，在益阳、岳州一带，获得了大批船只炮械，建立了水师。大军沿长沙水陆并进，势如破竹。1853 年一月攻克武昌，三月占领南京，并改南京为“天京”，作为都城。为了巩固其根据地，又发兵攻占了附近的镇江、扬州和浦口。

太平军建都后，即颁布了《天朝田亩制度》，废除封建的土地所有制，平均分配土地。还实行了男女平等的政策，禁止买卖妇女和女婢。对外则坚持独立自主的政策，否认不平等条约，禁止贩卖鸦片，反对外来侵略。这些措施，极大地鼓舞了人民的斗志。

1853 年五月，太平军开始了北伐和西征，各地天地会和捻军也先后发动武装起义与之相呼应。但北伐由于偏师北进，孤军深入，援师不继而失败。西征军先遇小挫，后来在石达开的指挥下，大败曾国藩湘军。在天京附近，太平军又大破清军江北、江南两大营。到1856 年夏，上至武汉，下至镇江连成一片，尽在太平军控制下，太平天国军事上达到全盛时期。

曾国藩 （1811—1872），晚清重臣。初名子城，字伯函，号涤生。出生于湖南省双峰县（原属湘乡）。 中国清代著名军事家、理学家、政治家。

但就在这大好形势下，却发生了自相残杀的“天京事变”。九月二日，杨秀清被暗杀，杨秀清的部下五千余人也中计被杀害，后洪秀全又下诏书，召石达开回京辅政。

次年五月，石达开被逼走，更造成了人心冷淡，锐气减半的局面。“天京事变”给太平天国革命事业造成了极大的危害，而清政府在第二次鸦片战争和“北京政变”后，公然和外国侵略者勾结起来，共同镇压人民革命，太平军也由进攻转到了战略防御阶段，太平军内部危机重重。

为了摆脱困境，洪秀全提拔了陈玉成、李秀成等一批将领，重新组建了领导核心。

1858 年八月，李秀成约集各路将领大会于枞阳，陈玉成也赶来参加。会上大家“各誓一心，订约会战”。会后，陈、李联合作战。九月，再次攻破清军重建的江北大营，十月，大战三河镇，全歼湘军主力李续宾部。1859 年，颁布了《资政新篇》。

1860 年五月，攻破清军重建的江南大营，解除了天京的围困，并乘胜东进占领苏、杭，开辟了苏浙根据地，革命一度出现了重新振兴的局面。西北战场则在陈玉成的指挥下进行了英勇的安庆保卫战。但最终因力量相差悬殊，1861 年九月被清军攻破，直接威胁天京的安全。李秀成率军回援天京，与湘军大战四十余天，未能破围。值得一提的是，在后来险恶的情况下，1862 年，太平军还在上海、宁波有力地打击了外国侵略者。

1864 年六月三日，洪秀全病逝。七月十九日，清军攻克天京，太平天国运动宣告失败。

中日甲午海战

1894年七月，中国和日本两国在朝鲜爆发了一场大规模的战争。按中国传统的纪年法，这一年是甲午年。所以，历史称这场战争为“中日甲午战争”。

黄海战略位置重要，是主战场，战斗也最激烈。

四艘中国的舰船行驶在海面上。“高升”号和“操江”号两条运兵船，在“济远”号和“广乙”号两艘军舰的护卫下，将两千多名陆军送到朝鲜战场。

突然，十来艘日本军舰出现在海面上。它们一边朝这边冲过来，一边发射出密集的炮弹。其中有几发正好落在“广乙”号上。“广乙”号只好撤离战场，“济远”号管带方伯谦贪生怕死，见情形不对，立刻命令舵手：“把船头调回，向天津撤退。”水手们看见方伯谦这么做，都非常气愤。他们坚持不能扔下那两千名陆军而自己逃跑。然后，水手们瞄准日本旗舰（指挥舰）“吉野”号，连发几炮。随着“轰轰”几声巨响，“吉野”舰上着了火。战士们欢呼雀跃，但方伯谦执意逃跑，战士无奈只好撤离。

这样，“高升”号和“操江”号失去了保护，被敌人包围起来。“操江”号很快就被日舰劫持了。然后，日本军舰把炮火一齐对准了“高升”号。日本兵趾高气扬，声势唬人。“高升”号上的一千多名官兵觉得受了侮辱，一齐朝日本兵叫骂，表示宁死不降。日军看见“高升”号上的官兵这么坚决，就放炮威胁。几发炮弹在“高升”号附近爆炸了，弹片和浪花一齐溅到清兵的身上和脸上。可是这一千多名官员没有一个人惊慌，都拿起枪向日本兵还击。日军的炮弹击中了“高升”号，广大的官兵们眼看着船在下沉，可仍没有一个投降。最后，海水淹没了“高升”号。一千多名官兵全都壮烈牺牲。

就在黄海上发生这悲壮的一幕时，北京城全城上下都在为慈禧的六十岁生日忙碌着。自从圆明园被烧毁后，皇上和太后、臣子们就失去了一个享受的乐园。于是慈禧用建北洋海军的银子扩建了颐和园。颐和园修好后，慈禧特意来察看。正当她玩得高兴的时候，李鸿章突然赶来报告说：“北洋海军和日本人在黄海打起来了。”慈禧一听这个消息就急了。她怕自己的生日因此过不好。李鸿章也很着急，北洋海军是他多年苦心经营才建成的。李鸿章怕北洋海军受损，拒不开战。

李鸿章 （1823—1901），清末大臣、洋务派和淮军首领。字渐甫，号少荃（亦作少泉），晚年自号仪叟。安徽合肥人。

在提督丁汝昌的带领下，北洋海军护送完运兵船后正返回中国。忽然发现西南方向的烟雾里，有十二艘军舰朝这边开来。再仔细一看，又发现这些军舰挂的都是美国星条旗。丁汝昌有些奇怪，美国军舰来干什么呢？正在他犹豫的时候，十二艘军舰已经快接近中国舰队了。原来这都是日军伪装的美舰，并且来势汹汹。在关键的时刻，方伯谦又被吓破了胆。认为自己一方毫无准备，打起来肯定吃亏。还不如赶快撤退，保存实力。

“致远”号管带邓世昌劝说大家抵抗到底，宁死不屈。丁汝昌觉得邓世昌说得有理，便立即下令向日本军舰开火。一时之间战火四起，丁汝昌指挥旗舰“定远”号冲在最前面。不幸的是，“定远”号被日本炮弹击损多处，丁汝昌也身受重伤。管带刘步蟾见他身负重伤，立刻爬上摇摇晃晃的舰桥，代替丁汝昌进行指挥。刘步蟾命令“济远”和“经远”两艘军舰向“致远”号靠拢，集中火力攻击日本最厉害的“吉野”号。

方伯谦的“济远”号不但不救助，反而乘机逃跑，慌忙中撞伤自家的军舰“扬威”号。随后，“扬威”号被日舰击沉。

“致远”号在邓世昌的带领下与日军殊死搏斗，在弹尽粮绝的危难之际，邓世昌决定与敌人同归于尽。于是邓世昌命令官兵开足马力，对准“吉野”号撞去。

“致远”号像一条火龙，朝“吉野”号猛扑过去。“吉野”号上的日军吓得慌了神，一边掉头逃跑，一边胡乱地朝“致远”号发射鱼雷。“致远”号的官兵们瞪眼注视着飞来的火蛇，没有一个人惊慌害怕。邓世昌不顾伤势，双手紧握舵轮，沉着指挥。

就在快要撞上“吉野”号的那一刻，“致远”号被一枚鱼雷击中了。顿时，“致远”号上成了一片火海，海水逐渐没过了甲板。二百五十名官兵紧紧围在邓世昌身边，像石头雕像一样威严地挺立着，任凭海水没过他们的身躯。

“为邓世昌报仇！”北洋海军的官兵们激动得大喊起来。在“致远”号英雄的鼓舞下，各军舰与敌人展开了激战。硝烟弥漫，火蛇喷涌，战士们奋勇当先，死伤无数，日暮时分，日军不敢恋战，率先退出战场，黄海战役告一段落。

这次海战，中日双方的损失都很大。北洋舰队尽管主力还在，但李鸿章因私废公，坚退不战，丁汝昌、刘步蟾等海战英雄，羞愧难当，自杀殉国。清政府苦心经营了十一年的北洋舰队，终于被李鸿章断送了。

最后，甲午战争以日本人的胜利而告终。李鸿章又奉慈禧的命令，跑到日本去讲和。在谈判桌前，李鸿章就像奴才见了主人一样，不管日本人说什么，他都点头答应。在日本人的威胁逼迫下，李鸿章在和约上签了字。这就是历史上的《马关条约》。根据这个条约，中国要赔偿日本的军费就有两亿两白银。更过分的是，李鸿章还把台湾割让给了日本。

《马关条约》的签订进一步激发了深层次的社会矛盾，尤其是台湾人民纷纷拿起武器抗击侵略者。

戊 戌 变 法

1898 年一月二十四日，在总理衙门的议事厅内，李鸿章、荣禄、翁同龢、张荫桓及廖寿恒与维新派首领康有为激烈地辩论着。

李鸿章见康有为不过是个乳臭未干的年轻书生，于是就傲慢地说："做为一个读书人就应该知道，祖宗留下来的治国之法是完善无缺的，我们只能遵守执行，你怎能改变它！"

康有为立即反驳说："世间没有一成不变的事物，只有摧朽培新，才能国富民强！"

"难道你就不怕留下不忠不孝的罪名吗？"李鸿章用力一拍桌子，对康有为大声说。

"我搞变法维新，为的是富国强民，怎能说是不忠不孝呢？"康有为对李鸿章只是轻轻一笑，然后他暗中讽刺祖宗留下来的广阔疆土割给洋人也违背祖宗之法。

康有为之言，正刺到李鸿章痛处，李鸿章顿时羞愧难当。

荣禄在旁边看到李鸿章狼狈的样子，就想给他找个台阶挽回面子。于是他也气乎乎地说："祖宗之法千真万确，我们只能遵守！”

康有为听完又是轻轻地一笑，讽刺荣禄只教给军队使用大刀长矛的技术，而北洋新军使用洋枪洋炮，也是违背祖宗之法。荣禄张口结舌、目瞪口呆，只得灰溜溜地坐在那里，不敢再说一句话。

这时廖寿恒看到李鸿章、荣禄二人理屈词穷，就想转移一下话题，于是他捋着他那几绺小胡子，以忠孝之道来驳斥君主立宪制。张荫桓此时也在旁边附和说开设议会的话是对皇帝有害。

康有为听完，神色庄严地说：“如今在皇上周围，有许多贪官污吏，瞒上欺下，使朝纲混乱。而搞‘立宪’，设‘议会’，皇上能直接了解人民的疾苦、国家的安危，从而采取相应的治国兴邦之策。国富民强，皇帝才会受人爱戴。”

康有为一席义正辞严的话，直说得廖寿恒、张荫桓二人也无言以对，坐在那里不吭气了。

翁同龢却一言不发，对康有为的才能很是赞许，认为让他主持维新，对大清很有利。

康有为是广东南海人，从小受到严格的封建教育。二十岁那年，他到香港一带考察，接触到了一些西方资本主义的事物。康有为感到封建制度已成为大清发展的桎梏，应变法自强，方能拯救大清。从 1888 年开始到 1898 年，康有为曾八次上书光绪帝，陈述变法的重要性。其中最重要的一次是 1895 年四月的“公车上书”。

那时，康有为正在北京参加科举考试，忽然传来签订《马关条约》的消息，康有为愤慨异常，就召集当时在北京应试的一千三百人，到都察院门口示威，反对签定《马关条约》。并起草“万言书”，要求光绪帝变法维新，这次上书称为“公车上书”。

“公车上书”不久，康有为和他的学生梁启超一起，组织强学会，创办《中外纪闻》，积极宣传维新变法。宣传变法的学堂如雨后春笋般增多，由谭嗣同主持的时务学堂就是其中著名的一个。

谭嗣同，湖南浏阳人，年轻时曾多次游历大江南北，既看到了祖国的壮丽河山，又目睹了国家与人民在帝国主义侵略下的深重苦难。中国在甲午战争中的惨败，激发了谭嗣同要求变法维新、挽救祖国危亡的思想。1897年一月，谭嗣同写成他的重要著作《红学》，号召人民冲破封建统治的罗网，进行变法自强。谭嗣同还表现出对农民起义的同情，对反动统治镇压的愤恨。同年十月，在谭嗣同的主持下，长沙时务学堂创办起来。梁启超等人都在这里讲过学，为维新变法培养了人才。

翁同龢在总理衙门听完康有为与李鸿章等人的“舌战”后，立即来到皇宫，向光绪报告，并推荐康有为主持变法维新运动。

光绪皇帝虽然倾向变法，但碍于慈禧，身不由己。

原来，自从光绪四岁登基以来，一直由西太后慈禧垂帘听政，把持国家大权。光绪就像朝廷里的一件摆设，一点权力也没有。因为从小就常受到慈禧的责骂，所以非常害怕她。光绪到了十八岁，慈禧为了掩人耳目，就声称到颐和园“养老”，不问政事了。而实际上，仍然由慈禧掌握着国家大权。所以现在光绪虽然也有变法之心，可由于担心慈禧会出面阻挠而面露难色。

翁同龢似乎看出了光绪的心思，激励皇上道：“如今列强强占我领土，欺辱我国民，国将不国，难道您想做亡国之君吗？”

这句话触动了光绪帝。为了大清帝国的危亡，不能再顾及那么多了。1898 年六月十一日，光绪帝在颐和园勤政殿，直接召见康有为，封他为总理衙门章京（清代办理文书的官员），主持变法具体事务。同时参与变法的还有如梁启超、谭嗣同、杨锐、刘光第、林旭等维新派人物。

光绪帝据维新派的建议，颁布新法令。其中有学习西方先进的科学技术，发展我国的工商业；改革大清法律陈旧腐败的条款，允许官民向皇帝上书、提建议；废除八股考试制度，在北京设立京师大学堂，在全国普遍设立小学堂等。

因为这一年是中国农历戊戌年，历史上把这次变法运动称为“戊戌变法”；又因为变法从六月十一日开始到九月二十三日失败，一共进行了一百零三天，所以又将它称为“百日维新”。

通过变法维新，没落的清王朝暂时出现了一丝生机。

但由于封建势力根深蒂固，变法触及了腐败的封建势力的切身利益，引起了他们的强烈反对。

义和团运动

戊戌变法失败以后，帝国主义列强加快了侵略、瓜分中国的步伐。1900年，在山东、直隶等地区，爆发了义和团运动,这是一场以农民为主体的反帝爱国运动。

义和团原名“义和拳”，即“正义与和好之拳”，是以练习拳棒著称的民间组织，最初在山东一带秘密从事反清活动。甲午战争后，中华民族面临空前严重的危机，义和拳的斗争矛头开始指向了帝国主义列强。

1898年四月，在直隶和山东两省交界的地方，义和团运动首先兴起，到年底便波及十余县。他们高呼：“还我江山还我权，刀山火海爷敢钻，哪怕皇上服了外，不杀洋人誓不完。”清政府一心想消灭义和团组织，多次命令山东巡抚张汝梅进行镇压。但屠杀政策更激起了义和团群众的义愤，革命的烈火越烧越旺。1899年三月，清政府将张汝梅撤职，改派毓贤为山东巡抚。这个毓贤曾经在一年内屠杀大刀会群众两千多人，他到任后，对义和团进行了更加残酷的镇压，反而使参加义和团的群众更多了。

1899年十月，在山东平原，义和拳首领朱红灯发动起义，并打败了前来镇压的清军，取得了平原大捷。从此，义和拳改名义和团，并提出了“扶清灭洋”的口号，由秘密组织转为公开活动。义和团运动轰轰烈烈地发展起来了。

1900年初，直隶成为了义和团活动的中心，起义人数已达十万。到1900年夏，义和团已发展到山东，直隶全省和河南省的一部分。迫于义和团的声势，清政府被迫承认了它的合法地位，于是义和团大量涌入北京和天津。他们沿途捣毁外国教堂，破坏铁路路基和电报线路。

在中国的利益受到严重的威胁的帝国主义狗急跳墙。英、法、美、俄、德、日、意、奥等八个帝国主义国家勾结在一起，组成“八国联军”，准备对付义和团运动。

1900年六月十日，八国联军由英国侵华舰队司令西摩尔率领从天津出发，向北京进犯。他们沿途奸淫掳掠，无恶不作。在廊坊火车站，他们遭到义和团的突然袭击。三百多名义和团战士奋不顾身地扑向侵略军乘坐的火车，把敌人杀了个措手不及。义和团还拆毁了从廊坊去北京的铁路和桥梁。西摩尔军队被困在廊坊，粮草、弹药即将用光，便决定退回杨村，企图由

扶清灭洋旗

北运河乘船去北京。当他们撤离廊坊时，又遭到义和团的猛烈攻击。手举大刀长矛的义和团战士，直冲敌阵，杀死侵略军五十多人，杀伤无数。义和团乘胜发起总攻，侵略军被迫退回天津。

与此同时，八国联军攻占大沽口炮台，随后进犯天津、北京，又遭到了义和团军民奋起抵抗。在天津，义和团首领曹福田率领战士冲入敌阵，一举收复老龙头火车站。张德成率军进攻紫竹林租界；在北京，外国使馆和西什库教堂也遭到了义和团的围攻。

但就在这时，清政府开始出卖义和团，他们多次向八国联军发出道歉说对义和团之所以纵容姑息，实在是无奈之举。六月二十一日，八国联军挫败了义和团的抵抗，攻占天津车站；七月十四日占领全城，对守城军民进行了血腥镇压；八月十三日，八国联军进抵北京，慈禧太后及其亲信臣仆逃往西安；联军于八月十四日攻占了北京，对全城进行洗劫。对义和团成员更是残酷镇压。

得到帝国主义谅解的清政府立刻掉转枪口指向自己原来的同盟者，公开命令清军剿杀义和团。义和团在“扶清灭洋、振兴中华”的口号下继续战斗，依靠少数根据地一直坚持到了1901年秋季，最终失败。

1901年九月七日，李鸿章和庆亲王奕劻代表清政府与十一国（上面的八国再加西班牙、比利时和荷兰）公使签订了丧权辱国的《辛丑条约》，这标志着中国彻底沦为半殖民地半封建国家。

义和团运动虽然在中外反动势力的镇压下失败了，但它沉重地打击了中外反动势力，粉碎了帝国主义瓜分中国的阴谋，在中国历史上留下了可歌可泣的一页。

武昌起义

武汉三镇，是我国政治、经济、交通、军事重镇，也是外国侵略者侵略的重要地区，自鸦片战争后，此地多遭劫掠，民不聊生。

为了生存，广大人民群众纷纷起来反抗，武汉很早就开始有革命党人的活动，先后成立了日知会、群治学社、振武学社等革命组织。为了防止清政府的镇压和破坏。1911 年一月，革命党人又把振武学社改称“文学社”，在研究文学的名义下从事革命活动。

文学社成立后，首先在湖北的新军中发展革命力量。到 1911 年七月，新军中有三千多人成为文学社的会员，整个新军有三分之二的人支持革命，这就为武昌起义奠定了良好的基础。

这时在武昌，还有一个革命团体——共进会，是同盟会设在武汉的支部，它的领导人是同盟会会员孙武及邓玉麟。共进会与当地会党的新军下层军官有密切的联系，拥有会员也达两千多人。

随着革命形势的发展，1911年九月，共进会与文学社正式合并，建立了起义的领导核心：蒋翊武任总指挥，孙武任参谋长，刘公任总理，起义指挥部设在武昌城一个小巷内。九月二十四日，两个革命团体举行会议，制定了周密的起义计划。这时在香港的黄兴也给指挥部建议：武昌方面应与其他省的革命组织取得联系，以便在武昌起义后，能得到全国的响应。会议最后确定了起义日期，决定在中秋节（十月六日）动手。

就在起义准备工作紧锣密鼓地进行时，意外事件接连发生。南湖炮兵营士兵汪锡九、梅青福等人要请假离营，同室的士兵给他们摆酒送行。在酒宴上，汪锡九他们大谈起义，怒骂清廷。不想被人听到，并引发了一场事端，引起了清朝鹰犬的警觉。湖广总督瑞澂立即下令全城戒严，加强城防力量。于是起义时间被迫推迟，将时间改在十月十一日。

可到十月九日，又发生了一件意外事件。这天正午，孙武等人在汉口俄租界宝善里十四号检测炸药时，因刘公的弟弟刘同不小心将火星落入炸药中引起爆炸，孙武被炸成重伤。俄国巡捕闻讯赶来，逮捕了刘同，没收了有关起义的文件、旗帜等，并把它们连同刘同一起交给了瑞澂。刘同无法忍受严刑拷打，供

白玉藏文碗

出了有关起义的情况。

瑞澂得知他的辖地要发生革命的消息后差点儿瘫在地上。这家伙只知做升官梦，他知道，在湖北这个地方多年来平安无事，他的前任张之洞、端云等人都因此而升官发财了。武汉要起义的消息让他感到异常恐惧，打破了他的美梦，于是他下令大力捕杀革命党人，革命队伍受到损害。

但是，起义并没有因此而取消。“宁愿革命而死，不望苟且偷生！”这是熊秉坤领导的新军工程兵第八营战士们的誓词。武昌起义的第一枪，就是他们打响的。

按照总指挥部十月九日下达的部署方案，熊秉坤和八营战士们商量好，决定在第二天晚七点左右动手。十日，夜幕刚刚降临，一个叫陶启胜的排长来到八营巡察。八营战士与陶启胜发生冲突，熊秉坤一怒之下，打死了陶启胜。

然后熊秉坤一个箭步跳进屋内，高喊道：“革命的时候到了，向楚望台军械库进军！”八营的战士们随他呐喊着，冲向楚望台，与早在那里接应的工程营士兵会合在一起。战士们取出枪支弹药，并拖出十余门大炮，架在楚望台、蛇山、凤凰山等制高点上，准备炮轰总督府。

战士们推举八营长吴兆麟做为前敌总指挥。由于天色昏黑，目标不清，十余门大炮盲目开火，威力不大，所以第一次攻打总督府的战斗在清兵的顽强抵抗下没能成功。这时，武昌的百姓纷纷从家中拿来引火之物，在总督府周围燃起大火，亮如白昼。炮兵大显神威，十余门大炮同时开火，一时间总督府火光冲天，义军战士们在炮火的掩护下冲进总督府。湖广总督瑞澂早在炮声一响时就慌忙在总督府墙上凿了一个洞而逃之夭夭了。

黎明时分，武昌城全部被革命党人控制。一面醒目的十八星旗高高飘扬在武昌城内的最高建筑物黄鹤楼顶。

十一日晚，与武昌一江之隔的汉阳新军，响应武昌起义，迅速占领了汉阳铁厂和兵工厂，与此同时，汉口新军在赵承武率领下也举起十八星义旗。这样，武汉三镇起义均告成功。这一年是农历辛亥年，所以武昌起义也叫辛亥革命。

为了能稳固革命成果，把革命进一步推向深入，当前的首要任务就是建立革命政权。而著名的革命领袖孙中山、黄兴等人都远在海外，直接组织这次起义的蒋翊武、孙武等人或逃亡或重伤，不可能成为革命政权的领袖。武昌起义军民错误地认为只要是社会上有名望的人就可做革命政府的领袖。于是他们推选了一位封建官僚，当时湖北新军混成协统领黎元洪出任军政府鄂军大都督，主持政府日常工作。

武昌起义的胜利，掀起了全国革命风暴，粉碎了封建王朝的统治枷锁，加速了清王朝的土崩瓦解。

首先响应武昌起义的是湖南、陕西两省。紧接着，江西蔡公时、山西阎锡山、云南蔡锷，以及上海、浙江、江苏、安徽、广西、福建、广东等全国十五省（市）都发动新军起义，宣布脱离清廷独立。面对大好的革命形式，革命党人迫切要求建立一个全国统一的共和政府与奄奄一息的清王朝对抗。

1911 年十二月二十五日，孙中山自海外回到上海，立即就被推举为共和国临时大总统。

1912 年元旦，孙中山在南京宣誓就职，中华民国临时政府正式成立。

经典国学口袋书

01 周易
02 道德经
03 庄子
04 论语
05 孟子
06 大学·中庸
07 孙子兵法
08 三十六计
09 百战奇略
10 六韬·三略
11 山海经
12 左传
13 战国策
14 史记·本纪
15 史记·世家
16 史记·列传
17 汉书
18 后汉书
19 三国志
20 吕氏春秋
21 资治通鉴
22 中国通史
23 中华上下五千年
24 贞观政要
25 中国古代文化常识
26 中国古代名言警句
27 徐霞客游记
28 容斋随笔
29 金刚经
30 忍经·劝忍百箴
31 忠经·孝经
32 智囊
33 梦溪笔谈
34 本草纲目
35 黄帝内经
36 菜根谭
37 小窗幽记
38 颜氏家训
39 围炉夜话
40 曾国藩家书
41 诗经
42 楚辞
43 古诗
44 唐诗三百首
45 宋词三百首
46 元曲三百首
47 千家诗
48 豪放词
49 婉约词
50 世说新语
51 笑林广记
52 古文观止
53 唐宋八大家散文
54 诸子百家名句赏析
55 四书五经名句赏析
56 二十五史名句赏析
57 古代散文名句赏析
58 古代诗词名句赏析
59 红楼梦诗词名句赏析
60 阅微草堂笔记
61 闲情偶寄
62 三字经·百家姓
63 幼学琼林
64 声律启蒙·弟子规
65 千字文·增广贤文
66 对联
67 俗语
68 谚语
69 歇后语
70 格言联璧
71 中华寓言故事
72 中华典故故事
73 中华成语故事
74 中国十大喜剧故事
75 中国十大悲剧故事
76 中国皇帝传
77 中国皇后传
78 中国宰相传
79 中国将帅传
80 白话聊斋

三 秦 出 版 社

地处周秦汉唐千年古都西安的三秦出版社，建社30多年来始终以弘扬和传播优秀传统文化为己任，依托三秦大地无比丰厚的历史文化积淀，出版了大批特色鲜明、极具文化传承价值的精品图书，创造了良好的社会效益和经济效益。为顺应构建全民阅读时代、建设书香社会的需求，我社经充分调研策划，从浩如烟海的国学宝库中精心遴选，编辑出版了“中华经典国学口袋书”系列丛书，包含经史子集、诗词曲赋、笔记信札、经典名句等80部精品佳作，内容精粹，外观精美，便于携带，定会为您居家出行增添颇多书香雅趣。

23-8 【汉宫春晓】卷 局部 [明] 仇英 中国台北故宫博物院藏

23－8　【汉宫春晓】卷 局部［明］仇英　中国台北故宫博物院藏